El orgullo de Morelos: Nacido narco

Diego Castillo

ISBN: 0-9982287-6-1
ISBN-13: 978-0-9982287-6-1

LA DEDICACIÓN

En especial me gustaría dedicarle esto a todas las
familias mexicanas que han sufrido a causa del
narcotráfico y crimen organizado. Estoy con
ustedes y cuentan con todo mi apoyo y respeto.
¡Viva México....!

ÍNDICE DE CONTENIDOS

* Este libro contiene ejemplos de argot, expresiones coloquiales y regionalismos. Hemos incluido un glosario de los términos y expresiones utilizados al final del libro.

RECONOCIMIENTOS

A mi madre, que ha sido mi roca todos estos años y me ha enseñado a vivir con integridad y valor. Por creer en mi apoyarme en todas mis altas y bajas. Gracias a ti he llegado hasta donde estoy. A mis cuatro hermanos, Juan, Luis, Hernán y Chucho que me enseñaron lo que es "ser banda" y lo que es una verdadera hermandad.

1.
EL PREÁMBULO

Corría el verano de 1983, la Ciudad de México aún se encontraba consternada con el terremoto del año anterior, la economía nacional caía en picada con el inicio de las Reformas Estructurales que el Partido de la Revolución Nacional ejecutaba y convertirían al país en una economía neoliberal. La pobreza crecía a niveles exponenciales y con ella la violencia principalmente en las ciudades, que con el abandono gradual del campo, concentraban cada vez más población. La capital del país era de todas la que presentaba un mayor índice delictivo, pues junto con la crisis económica, la referida explosión demográfica causada por la inmigración del resto de la República y por las pocas medidas de planeación familiar de la población, hacían de esta ciudad una caótica urbe con muchísimos focos propensos a la génesis de la delincuencia con las nuevas modalidades de fin de siglo. En ese contexto nace Juan Tostado el mayor de siete hermanos. Su padre Gabriel Tostado, hombre de recio carácter, alcohólico, agresivo, se dedica a la compraventa de todo tipo de mercancía que entrara o saliera de su barrio natal. La siempre conflictiva Colonia Morelos, ubicada en el corazón de la Ciudad de México, era una de las más violentas, tradicionales y difíciles del país. Su madre Lupita Chilapa hija de migrantes guerrerenses creció en la misma colonia, se dedicaba al hogar por "órdenes" de su marido y padre de Juan a quien conoció en la Secundaria de la colonia, la cual ambos dejaron trunca con la llegada al mundo del primogénito a la jóven edad de 14 años. Ese acontecimiento marcó su vida y destino, pues a partir de ese momento, Gabriel se inició en el "negocio" y Lupita estuvo condenada a atender a su familia.

Juan Tostado creció en medio de un ambiente de constante tensión y violencia dentro y fuera de casa. Machismo, carencias, adicciones y responsabilidades a muy temprana edad que hicieron que su proceso de maduración fuera precoz y muy complicado. Juanito era un niño inquieto. Asistió a la primaria y secundaria del barrio, donde siempre se mostró introspectivo, poco audaz para los estudios, hiperactivo e incluso violento. Desde esa infantil etapa mostraba dotes de líder y sobre todo una aguda astucia para la persuasión, las negociaciones y sobre todo su voz y voluntad se imponían ya fuera por la fuerza o por la retórica; estas "cualidades" poco a poco lo fueron convirtiendo en un pequeño líder para los otros niños y posteriores adolescentes que lo veían como el macho alfa, el jefe, el patroncito y en un futuro no muy lejano, esos niños tomarían el control del barrio y de todos los negocios ilícitos que en él se desarrollarían. Tostado, quien tenía cierto fenotipo que le hacía aparentar una mayor edad por su estatura y embarnecido cuerpo estaba a la cabeza e iniciaba el camino de una larga y notable carrera delictiva aquella mañana del mes de abril de 1999.

-¡Juanito despierta!, ya son las 6, Apúrale o de nuevo te vas a quedar afuera de la escuela.

-¡Ay ma, chingao estoy cansado!, no ves que ayer fui por mi jefe que andaba de pedo con el cacarizo, se puso necio y lo tuve que meter casi a madrazos al cantón como a las 4.

-No me importa escuincle, ya te he dicho muchas veces que te apliques en la escuela, es lo único en esta vida que se sacará adelante y te hará un hombre de bien, no como los malandrines que viven en esta colonia. No hijo, tú debes ser otro tipo de persona y ser ejemplo para tus hermanos que te ven como su héroe.

-¡Ma, no chingues! eso es mentira, en este pinche país estudiar no sirve para nada, ve al hijo de doña Juana, el pinche Edgar, ese cabrón terminó su carrera en la UNAM disque da clases y míralo, siempre bien jodido, no tiene coche, vive con su jefa, se viste bien chafa y nunca trae varo... ¡Ni madres, yo no quiero vivir así!, en cambio ve al "cráneo", el mero chingón del barrio, ese wey sí que sabe vivirla chido, es un garufa de primera.

Ese wey hace lo que quiere, trae hartas viejas bien buenas, se viste al tiro, trae puro carrazo, armas, billete, tiene bares y negocios en el barrio y nadie se le pone al pedo, hasta la policía se le cuadra a ese cabrón. Yo quiero eso jefa, ser un chingón como él y traer a todo el barrio formado, es más ya ando armando mi banda y en unos años ya verás cómo hasta al pinche cráneo desmadramos. Aparte mi jefe me va a apoyar ya verás ahorita que despierte te dirá qué tranza.

-Hijo, ¡no seas tonto!, esa vida no te llevará a nada bueno, si a caso tendrás momentos de abundancia y placeres, pero eso se termina. Es más importante la dignidad, la integridad, la honestidad y sobre todo la paz. La delincuencia no es un juego, yo llevo toda mi vida en este barrio y he visto la decadencia de las pandillas y sus miembros, de los niños con los que crecí pocos son los que quedan vivos, muchos otras están en la cárcel y muchas chicas viven de la prostitución, ninguno de ellos lleva una vida plena y mucho menos agradable, es una tontería eso que me dices.

Así que anda, levántate y vete a la escuela.

-Ya te dije que no jefa, la pinche escuela no es pa ´mí…

Intempestivamente entre tanto dime y direte, se despertó Don Gabriel con una imponente resaca, un monstruoso dolor de cabeza y con voz de enfado intervino:

-Ahora ¡¿qué significa tanto pinche gritadero?! ¡no me dejan dormir!. ¿Qué chingao se traen, Juan?

-Pues mi mamá, jefe. Ya le dije que no quiero seguir en la escuela, esas son pendejadas; tú no terminaste la secu y nos mantienes a todos y tu patrón el Cráneo no tiene ni la primaria y le va bien chido, ¡yo quiero ser como ustedes!

-Ah que chamaco tan cabrón me saliste, pues mijo, esta vida no es para nada sencilla, todos los días son una chinga, hay mucha violencia, peligro en la calle, mucho riesgo. A mí me ha costado mucho trabajo sobrevivir en ese mundo, está cabrón.

-Pero jefe, tú a mi edad ya eras parte de la banda del Cráneo, los calavera, ya taloneabas, caqueabas, ya mercabas y hacías business, ya pesabas en el barrio. Yo quiero seguir tus pasos y llegar a ser tan cabrón como tú o más si se puede. Ándale, dame chance, dile a mi jefa que no se ponga brava.

-Mira chamaco, no te puedo negar esa chance, a mi me gustaría que tú y tus hermanos estudiaran y no tuvieran que vivir la misma mierda que yo a su edad, pero también sé que no todos están hechos pa' la escuela y si tú dices que tienes los huevos pa' esto tendrás que demostrarlo, porque en el barrio eso es lo único que vale.

-Jefe, yo soy bien entrón, ustedes no lo saben pero yo muevo toda la secu donde estudié y ahorita ya armé una pandillita en el CONALEP. Me respetan harto, tengo mis compas, puro wey de huevos del barrio, le entran y se rifan, está el Rata, el Tiburón, el Matehuala, el Camello y un chingo más. Ellos me respaldan y se cuadran conmigo, me tienen ley.

-Ya bájale chamaco, no seas tan guaguara y ándele pues ya veremos poco a poco cómo te mueves, pero pa´ empezar no vas a mover nada, comenzarás de chavo, te quedas a mi lado viendo y aprendiendo cómo es la movida, ya después veremos.

Atónita de lo que escuchaba, doña Lupe no daba crédito de que el propio padre de Juan lo estaba sonsacando y aprobando para volverse un mafioso del barrio, sin embargo, ella como cualquier mujer sumisa víctima del machismo mexicano, no tuvo otra opción que aceptar la decisión del "jefe" de la casa, pues de llevarle la contraria desataría un conflicto familiar del cual evidentemente no saldría bien librada. Únicamente se limitó a dar un escueto punto de vista.

-Viejo, ¿estás seguro?, y si los demás chamacos quieren hacer lo mismo y dejar la escuela, ¿qué vamos a hacer?, ni modos de tener puro pandillero en la casa.

-A ver pinche vieja jodona, usted se calla y no haga pedos, ya veremos cómo le hacemos con los demás chamacos, y no sería mala idea que los cabroncitos vayan aprendiendo a ganarse la vida en el barrio, que sepan que todo cuesta y que la vida es una chinga. Yo no los voy a obligar a estudiar, incluso me vale madres esa pendejada, el que quiera que vaya, el que no que se jale conmigo y no hay bronca, por algo soy un cabrón y mis hijos también lo serán, ¿apoco no pinche Juanito?

Juan Tostado respondió:

-¡A huevo jefe!, ya verás cómo la armamos gacho y al rato hasta dominamos el barrio y abrimos al Cráneo.

-A ver pinche Juanito, bájale a tu desmadre y no digas pendejadas que si alguien te escucha diciendo eso nos van a volar a los dos. En el barrio hay que aprender a ser ciegos y sordos y saber lamer huevos a veces y partir madres la mayoría del tiempo pero cuida muy bien tu lengua porque una palabra mal tirada y todo se va a la fregada, ¿entiendes?

-Sí jefe, perdón, no la vuelvo a cagar. Quiero aprender todo lo que pueda.

-Y tú vieja, ándale prepáranos de desayunar y tráeme una caguama para esta pinche cruda. Tengo un chingo de cosas que hacer en el barrio y hoy será un largo día para este chamaco, así que órale cabrón arréglese y vámonos a chingarle.

2.
LOS INICIOS

La Colonia Morelos es uno de los sitios más sui generis de la capital de México. Se localiza en el corazón de ésta, un barrio bravo, uno de los más antiguos, con familias que en su mayoría se dedican al comercio formal e informal. Ahí se puede conseguir prácticamente cualquier cosa legal o ilegal. Mucha gente ha conseguido salir del barrio al convertirse en profesionistas, sin embargo la gran mayoría continúa perpetuando esa realidad de subdesarrollo. Algunos incluso han amasado importantes cantidades de dinero y bienes, otros se han coludido con la policía inclusive llegando a ser parte de ella y otros más, simplemente han visto su vida pasar frente a sus ojos en un océano de adicciones y desvirtudes. El barrio se preparaba para conocer a una de sus próximas leyendas del naciente siglo XXI, Juan Tostado.

-Véngase Juan, vamos a dar el rol por el barrio, te voy a enseñar el negocio poco a poco, no abras la boca y menos pa´decir pendejadas, sólo ve, aprende y calla. Ahorita vas a conocer como se menea esto.

-Sí jefe, yo me pongo trucha y ¿a dónde vamos primero?

-Pues mira, primero nos vamos a lanzar a varios locales a pedir las rentas, luego…

-¿Rentas, a poco pagan renta? Si son puestos callejeros y locales propios ¿a quién le pagan esas rentas?

-¡Cómo serás pendejo Juan!, se le llama renta al cobro que les hacemos a los comerciantes por protección, para no robarlos ni robar a sus clientes. Todo esto es nuestro territorio y si no le entran los chingamos.

-¡Ahh ya!, vale y ¿yo puedo pedir el baro?

-¿Qué te dije cabrón?, tú sólo vas a ver y aprender, nada más.

Don Gabriel y Juan llegaron a la zona de mayor cantidad de comercios del barrio y no hubo un solo puesto o local comercial que no les pagara diversas cantidades por esa protección de ellos mismos. Don Gabriel o el "Chango" como le decían en su pandilla los Calavera, se encargaba de cobrar a las rentas y también era traficante de piratería de todo tipo desde ropa hasta artículos electrónicos, medicamentos y documentos y comenzaba a ser un incipiente narcomenudista.

Sin embargo el chango no era el líder de la banda de los Calavera, que era una de las muchas más existentes en el barrio, él únicamente era parte de una estructura mucho mayor. El líder que orquestaba y conducía las riendas de todas las actividades del barrio era ni más ni menos que el Diputado Federal Javier Malpica del Partido de la Revolución Nacional. Él llegó a esa posición siendo la cabeza de un grupo de choque que en los años 70 estaba al servicio del partido conformado por gente de las colonias más pobres y rezagadas del centro de la ciudad. Se dedicaban a la represión de grupos antagónicos, desde muy joven se vinculó a la política y a pesar de no tener estudios universitarios es uno de los más poderosos en el Congreso por la cantidad de gente que "acarrea y mueve". Utiliza sus influencias e impunidad política para establecer su voluntad en varios barrios de la ciudad así como dirigir diversos negocios turbios. Es la corrupción encarnada, un delincuente de corbata sin escrúpulos y sin ningún ápice de virtud.

El segundo al mando era el agente de la policía judicial Matías "Zambo" Pedraza, nativo de la Morelos y amigo cercano de Malpica, conocedor de cada rincón de su barrio y de la manera en las que todo se maneja en ese lugar. Él le rinde cuentas al diputado, sin embargo también protege, apadrina y maneja a otras personas, negocios y pandillas. Él se encarga de controlar a la policía local, manejar y extorsionar a las prostitutas. Se hace cargo de la distribución y venta de droga así como la asignación de plazas entre los dealers del barrio. Es uno de los hombres más temidos y respetados de la Morelos.

Por debajo de él se encuentran los líderes y sicarios de las múltiples pandillas del barrio. Están los "Caguamos", los "Calabazos", los "Malboros", "los Molachos" y los "Calavera" que es la más temida, numerosa, organizada y sanguinaria de todas, a la cual pertenecía el Chango Gabriel. Eran dirigidos por "el Cráneo", un violentísimo pandillero que parecía haber perdido su humanidad a los 16 años, cuando fue testigo de cómo una banda de ladrones de un barrio aledaño asesinaba a quemarropa a sus padres. A partir de ese momento, se inició en una larga carrera delictiva que incluyó asesinatos, robos, secuestros, extorciones, violaciones, narcotráfico y trata de personas, así como la formación de los citados Calavera que lo tenían en un pedestal que rayaba en la idolatría.

Tanto el Cráneo como el resto de los lideres pandilleros estaban bajo las órdenes del

"Zambo", sin embargo, siempre se conducía de manera voluntariosa y muchas veces actuaba por encima de su jefe. El líder de los Calavera tenía aterrorizado el barrio con su sistemática violencia y crueldad para hacer voluntad, y el "Chango" era uno de sus hombres de confianza, pues se conocían desde niños, de hecho eran primos lejanos. Para Juan Tostado uno de los momentos más significativos en su precoz carrera delictiva fue aquel día cuando su padre lo presentó formalmente con este sanguinario delincuente.

-Qué onda mi Cráneo, ¿cómo estás?

-Qué tranza pinche Chango, pues aquí echándome un bazukazo para andar al tiro, ¿quieres?

-No wey, chido, te traigo la lana de las rentas y de paso te quería presentar a mi chavo, el Juan.

-¡Ah chinga!, a tu morro, y ¿cómo pa´qué me lo quieres presentar?

-Pues, el cabrón anda bien necio que le quiere entrar al negocio con nosotros, de hecho ya hasta dejó de ir a la escuela y más o menos le he explicado la onda en el barrio. La neta yo acepté porque es como yo, bien pendejo para los estudios y se me hace que la arma más en el business. Hay que darle chance de curtirse, ¿cómo ves?

-Mmm, no sé cabrón, yo creo que está muy morro, ¿cuántos años tiene?

-Tiene 16, no mames puede comenzar haciendo cosas leves, ya que vaya subiendo poco a poco, además acuérdate que en esto se comienza chavo para ir agarrando chido el pedo. Ve a los pinches Calabazos, esos weyes ya tienen una bandita de morrillos, pero en cuanto crezcan nos pueden comer el mandado. Además este wey es bueno para los putazos, tiene buen forje y tiene hartos huevos.

-Mmm, visto así igual y si nos sirve para que comience a formar una bandita, los pinches Calaverita, fíjate que no es tan mala idea, ando desde cuando pensando en comenzar a mover un poco de droga entre los morros de las escuelas. Igual y ahí nos puede servir tu chavo. Lo mismo me encargó el pinche Zambo, que comenzáramos a jalar chavitas para los congales y la putada en las calles. Necesitamos morritas jóvenes, esas putas que anda manejando el Quijano ya nos les están gustando a los billetudos, dicen que ahora están de moda las lolitas. Ahí podemos meter a menear al Changuito.

-Se llama Juan pinche Cráneo, no me late que herede mis pedos ni mi apodo, y sí me parece bien que le empiece a dar, pero pos deja que venga y le explicas el jale, ¿cámara?

Juan entró en la habitación donde se encontraba el Cráneo. Él ya lo conocía de las calles, pero jamás había cruzado palabra con él. Era como estar frente a su ídolo de infancia, una leyenda, un súper héroe mítico del barrio un prócer del crimen.

-Pásale Juanito, no muerdo, na´más mato, pero no muerdo, órale cabrón pa´dentro.

-Hola Cráneo.

-Qué onda morro, ya me contó el Chango que te quieres unir a nuestra lucrativa empresa y pues casi me convence que es buena idea tenerte aquí; mira cabroncito normalmente no entran morritos, los weyes que jalamos son cabrones ya hechos y la gran mayoría de nuestros reclutas los sacamos de otras pandillas o de la cana pero ya negocié un poco con tu jefe sobre la utilidad que tendrás aquí, ya él te pondrá al tanto y veremos cómo te mueves. Pero primero necesito saber ¿hasta dónde estás dispuesto a llegar por la banda?

- Pues a lo que sea, Cráneo, yo no tengo miedo y quiero llegar a ser chingón, no sólo en la banda sino en todo el barrio: respetado y poderoso como tú, la neta te admiro machín.

-A ver pendejito, y ¿tú sabes todo lo que he tenido que hacer, por todo lo que he pasado y todo lo que he perdido para llegar a ser así de chingón?

-Pues me imagino que muchas cosas Cráneo, tú eres el mero efectivo, controlas todo. Todos te tienen miedo, todos te admiramos y desde los juegos de los niños en el barrio siempre eres nuestro protagonista.

-Ya irás entendiendo morrito que no todo es como lo imaginas, esto es una putiza y así como se gana se pierde mucho: a veces hay que estar arriba moviendo, pero otras hay que enroncharse y dejarse coger. Esto es la mafia, aquí es difícil tener amigos, aquí hay intereses, la lealtad es importante, pero aún así siempre debes cuidarte hasta de tu sombra, de quien menos sospeches te pueden traicionar, y debes saber también que aquí una traición se paga con la muerte si no la tuya, de quien más quieras. Que te quede claro muy claro eso.

Para comenzar y saber si le vas a entrar de lleno, necesito que pruebes tu fidelidad a la banda, la cual ahora comenzará a ser también como tu familia, pues si tú eres leña, la banda es leña contigo.

-Sí Cráneo, yo le atoro y ¿qué tengo que hacer?

-Pues necesito que le pongas un cuatro al Chango.

-¿cómo que un cuatro a mi jefe, de plano?

-Sí pendejo, ¿qué no hablas español o qué? Mira, yo desde hace meses sospecho que el puto de tu papá me anda ganando con una lana de las rentas y me anda picando los ojos con otras bandas, no me consta, pero cuando yo sospecho algo normalmente es, así que necesito que te pongas chingón y me digas santo y seña de todo y donde cobra tu jefe, y sí resulta que sí me está tranzando y tú lo cubres se los va a llevar la chingada a ambos, incluso a tu jefa y a tus carnales, ¿estamos?

-No mames, y si es verdad que te transa, ¿qué le va a pasar?

-Ese ya no es tu pedo, eso lo arreglo yo con él, pero si lo pones conmigo, me demostrarías que estás aquí a muerte y lo más importante, irás ganando mi confianza, y dentro de la banda, créeme no hay nada más importante y no hay un paro más cabrón que el mío.

-Ok Cráneo como digas, comenzaré con esa chamba y verás que soy un wey de huevos y de confianza, no te defraudaré y si mi jefe anda robándote y volteando bandera, yo lo pongo no hay pedo.

-¡Así me gusta pinche escuincle!, pues en eso quedamos cabrón, órale a la chingada de aquí...

Las semanas subsecuentes, Juan Tostado las dedicó a hacer crecer a su incipiente banda de adolescentes a la mayoría quienes conocía desde niños, otros más en las múltiples escuelas en las que había estado por sus constantes indisciplinas. Además paso la mayoría de su tiempo en aprender todos los movimientos de su padre y primordialmente a cumplir con las órdenes del Cráneo lo cual sería su prueba de fuego.

Juan Tostado reunió a todos sus incondicionales amigos cuyas edades oscilaban entre los 15 y 23 años, eran jóvenes pero con una gran sed de vida criminal, algunos ya con robos, pandillerismo y narcomenudeo como cartas de presentación y unos cuantos de ellos con antecedentes penales en el tutelar para menores.

-Cámara puñales, necesitamos comenzar a ganarnos el respeto en el barrio, necesitamos mover todas las escuelas, las canchas, los locales de videojuegos y todo espacio donde podamos controlar. Tenemos que crecer y ponernos los huevos porque los morros de los Calabazos ahorita son los que pesan y si no los tumbamos, nunca vamos a tener ni ser nada. Así que a partir de hoy vamos a terrorear en todos lados, nos van a respetar y tenemos que hacernos de más miembros, ya sea por simpatía o por miedo.

Y para ustedes será indispensables que los "calaveritas" como nos bautizó el Cráneo, seamos los meros chidos de la Morelos; a ver tú Matehuala, siempre has sido un fregón para los putazos, desde niño has entrenado box con tu tío el ex campeón gallo, el picudo Cervantes, de ti va a depender enseñar madrazos a los demás y sobre todo cuidarme las espaldas. Siempre necesito que seas el más cercano. Camello tú eres bueno para la escuela, de todos eres el único que terminó la prepa y posiblemente seas universitario, siempre te han elogiado tus maestros, pero no sólo eso eres un wey con muchos huevos y honor, tú vas a ser nuestra arma inteligente, no habrá decisión que no pase por tu análisis, necesitamos neuronas en esto. Tiburón, tú serás una de las piezas clave para nosotros, toda tu familia tiene negocios y comercios aquí en el barrio, tú debes ser nuestro principal conecte con todos los comercios para mover distintas mercas y siempre estar al tiro con ellos. Rata, tú eres una lacra, siempre te tocará el trabajo sucio, eso es lo que mejor haces, has estado en el tute por robo, eres lacra desde bien morrito. Chacal, tú eres brutal, agresivo, despiadado y no le temes a nada tú serás el brazo ejecutor y nuestro sicario y principal arma.

Pues nosotros seremos la dirigencia carnales. Todos los demás morros que se vayan alineando a los Calaverita se nos cuadrarán y las decisiones sólo saldrán de aquí. Yo seré el contacto con los meros cabrones de arriba y seré el representante de nuestra banda que a partir de hoy debe comenzar a conquistar el barrio, ¡es nuestro territorio y lo tenemos que ganar!

Matehuala, alentó a su nuevo líder:

-¡A huevo Tostado, la vamos a armar chido!, o ¿no cabrones?, somos los Calaverita y aquí seremos leyenda, aquí comenzará nuestra historia.

-Pues entonces ya estamos hechos cabrones, todo está en nuestras manos, y si le chingamos en esto todos viviremos de lujo así como Tony Montana, el Señor de los Cielos y hasta como el pinche Cráneo.

Y así nacieron los Calaverita…

Las cosas entre el Chango y Juan Tostado cada vez eran más tensas, pues conforme pasaban las semanas y los meses el hijo aprendía más y más y su necesidad de ser y crecer dentro del mundo del crimen era cada vez más voraz. El padre trataba de mantenerlo al margen y retardar lo más posible la inminente "graduación" de su hijo en la banda de los Calavera. Una mañana de junio del 99 ocurrió lo que parecía inminente.

-¡Órale Juan, en chinga para alcanzar todas las rentas del eje, ya es bien tarde cabrón!

-¿Cuál es la prisa jefe?, apenas estamos por terminar las del mercado de comidas, es más si quieres yo me lanzo al eje y tú termina aquí.

-¡Ah chingá!, ahora resulta que tú me vas a decir cómo chambear, ¡estás pendejo, apúrate y nos jalamos al eje!

-Pero ¿por qué tanto pedo jefe, qué andas escondiendo o qué a quién vamos a ver?, ¿por qué no quieres que yo vaya solo al eje?, yo ya he hecho cobros en el mercado, en el metro, en los locales de los chinos, ¿cuál es el pedo?

-Ya te dije que te calles pendejo, no tengo por qué darte explicaciones de ni madres, ni al pinche Cráneo se las doy, menos a un mocoso pendejo que no sabe ni en qué día vive. No y punto, es más cabrón, termina de cobrar aquí, voy pa´l eje allá te veo.

-Dale pues jefe, allá te alcanzo, pero no entiendo por qué te pones tan bravo, ahorita nos vemos allá.

Evidentemente Juan Tostado sabía que el Cráneo tenía razón respecto a las estafas que estaba haciendo el Chango, este era el momento de confirmarlo y ganarse la confianza del jefe de la pandilla. Tostado siguió sigilosamente al Chango y sin que éste lo notara logró descubrir el negocio chueco de su padre quien se encontró con uno de los líderes de la enemiga pandilla de los Molachos, la principal e histórica rival de los Calavera.

El Chango se encontró con el Pitirijas en el eje y dialogaron por espacio de 10 minutos, dentro de lo que Juan Tostado pudo escuchar, recopiló lo siguiente:

-Qué húbole pinche Chango, se te hizo tarde o ¿qué pedo? Ya llevo un ratote aquí en el pinche sol.

-No mames Pitirijas, mi morro se pone cada vez más pendejo, me cuestiona de los business y quiere meter las pinches narices en todo lo que hago. Hasta parece que me anda vigilando el cabrón.

-Ah pinche Chango, tas cabrón jajaja; yo que tú le

ponía una madriza pa´que se aplaque, no vaya a
ser que sí te resulte borrego.

-Como crees pendejo, es mi chavo, aunque se
enterara de las finanzas extras no tendría los
huevos para ponerme, y menos con el Cráneo,
ese wey sabe perfectamente lo que pasa cuando
se voltea bandera, no dejaría a sus carnales
huérfanos ni viuda a su jefecita.

-Bueno, ese es tu pedo, espero por tu bien y el de
los negocios que no se le vaya a botar la cagada.
Pues a lo que vinimos ese, ¿dónde está mi feria?

-Ya la tengo, ya sabes la micha del eje para
ustedes, la micha pa´nosotros.

-¡Así me gusta pinche Chango!, cuentas claras y
cero pedos.

-Y lo mío ¿qué tranza, para cuándo?, yo ya les he
respondido a toda madre.

-Ya te dije que te esperes culero, no es tan fácil
entrar al show de las anfetaminas, eso aquí
todavía no está de moda, aquí la gente se mete
pura coca y mota, estas pinches drogas son la
onda en el gabacho y en Europa, son caras por
toda la mierda química que se necesita para
prepararlas y te ponen bien pinche loco. Son un
pinche viajesote, pero ya te prometí que en
cuanto tengamos el material y lo podamos
producir, tú vas a ser el mero dealer chingón y
con el baro que vamos a meternos hasta al pinche
Cráneo mandamos a la verga, el Zambo ya me

dijo que a lo que le va a dar recio es a ese jale y van a ponerse de moda esas madres pronto, ya verás que te rayas.

-¿Seguro pinche pitirijas?, mira que si me volteas bandera si te ando quebrando puto.

-Jajaja no mames, eso si antes no te quiebra a ti el Cráneo por andarle picando los ojos y pactando con sus enemigos; estás jugando con fuego mi Chango, no te vayas a quemar.

- Ah sí pendejo, y ¿quién va a rajar, tú?, pues suponiendo que sí me chingue el Cráneo, a ti y a tu banda también se los va a cargar la chingada por todo el billete que le hemos robado en estos meses, así que ni le juegues al vivo mi rey, los dos andamos torcidos y con el agua hasta el cuello de mamadas y más nos vale llevarla chida y cumplir como cabrones en lo que quedamos.

-Órale pues pinche Chango no te me pongas pendejo, seguimos en lo dicho, nada más ándate bien vivo porque si nos tuercen ya se jodió el asunto.

- Ya estás Pitirijas, no se te olvide el pedo.

Esa conversación fue suficiente para que Juan Tostado supiera que su padre era un traidor a los Calavera y que la traición en la banda se pagaba cara, ahora se encontraba en una disyuntiva: por una parte encubrir a su padre, mantener la estructura (maltrecha y disfuncional) de su familia pero sobre todo no traicionar al hombre que le dio la vida conservando el tradicional romanticismo de las familias mexicanas y por el otro lado su asenso en el mundo del crimen estaba en juego así como su vida y la del resto de su familia, pues tal como se lo dijo el Cráneo, de enterarse que sus sospechas de traición eran ciertas y en caso de no delatarlo, el castigo no únicamente lo tendría el Chango sino toda la familia. Entonces Juan Tostado tendría que decidir.

Él se quedó pensando por varias horas qué decisión tomar. Puso en perspectiva todo aquello que sucedería en el caso de tomar cualquiera de las dos vías las implicaciones en casa, en la banda, en su vida, la de su madre y hermanos y la del barrio. Por una parte delatar al Chango obviamente terminaría con la vida de su padre, a él lo catapultaría como hombre de confianza del Cráneo y sería una gesta memorable en el barrio, Juan Tostado cobraría fama y respeto, a cambio sus hermanos quedaría huérfanos y su madre viuda produciendo un giro radical en sus vidas. Por otra parte, de no delatar al Chango, pasaría lo mismo, pero sin la fama y con el sufrimiento en quien sabe que formas del resto de su familia. Ante esta situación Juan hizo aquello que consideró más adecuado y conveniente.

Unos días más tarde se daría al encuentro del Cráneo en uno de los bares de este en el barrio, el célebre bar Ganges, el más rentable y custodiado de todos los negocios de los Calavera.

-¡Qué hay, Cráneo!

-¿Qué pasó Juanito, cómo estás, por qué la urgencia de vernos, dónde está tu jefe?

-Pues ya ves, traigo noticias de tu encargo, estas semanas he estado como sanguijuela pegado en cada momento a mi jefe.

-Órale, y qué averiguaste, ¿qué chingados anda haciendo tu jefe, sí me anda picando los ojos verdad? Ya escupe la vaina chavo.

-No te puedo mentir porque ya estoy comprometido contigo, no quiero que existan dudas sobre mi compromiso con la banda y sé que si miento va a valer madres peor. A ti no se te va nada Cráneo, eres una cabronazo y tantos años en esto, tienes una lectura cabrona de todo lo que pasa y cómo se mueve el barrio y pues tienes razón, mi jefe es una pinche rata, te anda picando los ojos con los Molachos, trae business con ellos y te están comiendo el mandado. No sólo con la lana de las rentas del eje, sino que van a comenzar a meter una droga nueva europea o gringa no sé bien, pero dicen que con eso te van a partir la madre, hasta escuché que va a jalar más que la coca, dijeron que un tal Zambo les va a dar apoyo para tronarte y que ellos van a levantar sin ti ese jale, ¿cómo ves?

-Pues a mí nadie me aplica esas chingaderas

Juanito y déjame decirte que ya chingaste a tu papá, pero ahora tengo claro no sólo que eres un morro con huevos, sino que también estoy en deuda contigo, me acabas de anticipar un cuatrote que me están poniendo estos cabrones, yo sé agradecer a quien se porta la leña conmigo como te dije alguna vez, así que de mi cuenta corre que tú y tu familia estarán apadrinados por mí, y si sigues en la línea recta conmigo verás que creces en el barrio y quizá hasta te vuelvas de mis meros chingones, pues me pusiste a tu jefe y eso no cualquiera lo hace.

-Gracias Cráneo, yo sólo hago lo que es mejor para la banda, para mi familia, para ti que eres mi líder y para mí mismo. Mira mi jefe podrá haberme dado casa, comida, la vida si tú quieres, pero es un culero y egoísta. Desde que tengo memoria engaña a mi mamá con putas y la golpea. A mí de niño me golpeaba cada que andaba borracho, a mis carnales los sigue maltratando hasta la fecha y jamás se ha preocupado por educarnos, siempre le ha valido madres la familia. Él siempre ha sido primero y al último y básicamente poniéndolo estoy salvando a mis carnales y a mi mamá en todos sentidos a ellos. Sé que estoy haciendo bien, además con esto demuestro mi fidelidad o ¿no?

-Claro que sí Juanito, me has demostrado de lo que estás hecho, de lo que eres capaz y a lo que estás dispuesto con la banda. Bueno mi chavo, pues necesito que mañana temprano vengas con el Chango para proceder con él, necesito que no sospeche absolutamente nada y que de preferencia venga desarmado.

-¿Cómo yo tengo que venir también, yo pa´qué?

-Pues sí cabrón, la chamba es completa, además te tienes que despedir de él ¿o no? Será la última vez que estén juntos padre e hijo.

-No mames Cráneo ¿voy a ver cuando te lo chingues?, eso ¿pa´qué? Yo ya cumplí.

-Porque se me da mi pinche gana y para que ese cabrón entienda que en el barrio mando yo, así que no se hable más, mañana aquí los quiero temprano. Y si te rajas voy por ti de los huevos y me quiebro a toda tu familia pendejo.

Juan se fue y llegando a su casa, el Chango estaba completamente ebrio y por los destrozos en la modesta casa donde vivían, era evidente que Don Gabriel había hecho de las suyas con su habitual violencia doméstica, por lo cual no hubo razones ni explicaciones, el siguiente día sería el final.

Por la mañana Juan le dio el aviso del Cráneo al Chango y ambos se dirigieron a la bodega del Bar Garufa propiedad del Cráneo, donde él estaba puntual, esperándolos con un par de armas, una beretta y un revolver descansando sobre una mesa junto a una botella de tequila y tres caballitos. Al llegar y encontrarse al Cráneo fue el primero en hablarles.

-¡Cómo están mis Tostados, qué gusto que hayan llegado puntuales, esa siempre es una buena costumbre!, anden, vengan chínguense un tequilita conmigo, órale un fondo.

-Pues qué pasó Cráneo me dijo el Juan que nos querías ver pero pues yo ni sé qué pedo, y traigo una pinche cruda de la fregada ¿qué hay o qué, por qué la urgencia wey?

-Tranquilo Changuito, tómate un pisto pa´que te alivianes, ¿anduviste pisteando ayer pa´variar, verdad cabrón?

-Pues sí te robo un trago, ando bien madreado, pero pues ¿cuál es el asunto?, y ¿pa´qué las fuscas, a quién nos vamos a chingar?, me hubieras avisado pa´traerme mi cuete ¿apoco ya le vamos a enseñar al Juanito a jalarle?

-Mira pinche Chango como eres de perspicaz, ¿qué comes que adivinas?, en efecto hoy el Juanito aprenderá a jalarle y más le vale no fallar.

-No mames Cráneo y a ¿quién nos vamos a chingar?, el Juanito no sabe qué pedo con las armas, con pedos tira rifles de balines y ya lo quieres poner a volar gente, aún está muy pendejo mejor yo le jalo y ya después le enseñamos a este wey, capaz que la caga y tira el asunto.

-No mi Chango, te aseguro que el Juanito no la va a cagar, por Dios que no.

3.
EL ASCENSO

Los tres se tomaron por los menos tres botellas de tequila "derecho" y pasaron aproximadamente una hora platicando sobre los business, del barrio y los planes de los Calavera. Trago tras trago la plática iba subiendo de tono y la tensión comenzaba a sentirse. De pronto, el Cráneo llamó de forma discreta a su líder de sicarios, el más fiel de todos los Calavera y también el más cercano al Cráneo.

-¡Guerrero! Ven para acá.

-Sí cráneo, ¿qué pasó, pa´qué soy bueno?

-Pues bueno sólo eres para matar cabrón, pero necesito que se pongan bien truchas todos tus hombres, ¿cuántos tienes?

-Pues conmigo somos 8, tres aquí en el bar y los demás regados afuera ¿sobre quién vamos Cráneo?

-Tú aguántate allá afuera, aquí va a valer madres, y necesito que estén atentos y si ven salir de aquí al Chango se lo chinguen.

-¡¿De plano?! ¿nos volamos al Chango?, ¿pues qué hizo ese cabrón?

-Eso ya no importa, ese wey ya está muerto. Tú haz lo que digo y ya chingao.

-Oye pero su chavo está con él, ¿también lo volamos?, es un morro, a poco ya también vamos a volar chavitos, ¡estás cabrón Cráneo!

-No a ese wey no me lo toquen, ese chavito tiene más huevos que todos ustedes, a él lo vamos a tener bien protegido, ¿estamos?

-Simón, Cráneo, lo que tú digas. Entonces me jalo afuera y espero el movimiento.

-¡Órale pinche Guerrero, a la fregada pa´fuera!

Una vez afuera del bar el Guerrero, sin saber Juan y el Chango lo que se habían secreteado, el Cráneo retomo la charla con los Tostado.

-Pues así las cosas cabrones. Y tú chango, ¿cómo va el asunto de la rentas?, cada vez me traes menos billete de eso, ¿quién se está poniendo loco o qué, o no les estás cobrando chido?

-No mi Cráneo, pues no sé qué onda.La gente cada vez afloja menos plata, siento que la crisis a todos les pega ¿o no?

-A ver pendejo, pues si las rentas no son opcionales, sí no pagan nos los chingamos y listo, qué pinche crisis ni que mis huevos pendejete ¿cuál es la complicación con eso?, o ¿no será que me estás dando vuelta con ese business?

-Cómo crees Cráneo, pues si no soy tan imbécil para hacer eso, yo sé perfectamente que eso es causa de muerte en la banda y que no hay vuelta de hoja con eso.

-Pues, ¡qué bueno que lo sabes hijo de la chingada, porque hoy te vas a morir!

-¡No mames Cráneo, para eso son las fuscas verdad, nos vas a quebrar a mi chavo y a mí? Pero no mames ¿cuál es el pedo?

-Como serás pendejo Chango, a tu morro no le voy a tocar un pelo, por el contrario, el Juanito y tus demás chavos estarán bien protegidos en la banda, pues él fue quien te puso, y esos huevos tendrán su justa recompensa.

-¡Pinche Juan hijo de tu puta madre, eres un pinche Judas!, ¿te das cuenta que ya me cargó la chingada y también a tus hermanos y a tu madre?

Juan Tostado miraba la discusión prácticamente sin gesticular, miraba fijamente a su padre mientras este lo insultaba y amenazaba con golpear. Juan se mantenía estoico ante la situación.

-¡Te voy a dar en tu madre por chivatón pinche Juan!, si hoy me muero vas a llevar eso en tu conciencia culero, ¡pusiste a tu padre, lo mataste!

-No jefe, tú solito te chingaste, por rata y traidor, por andar volteando bandera, por jugarle al chingón cuando sabes que eso se paga con la vida.

-¡No mames Juan, soy tu papá!, ¿cómo puedes ser tan frío y culero, cómo puedes preferir a la pinche banda que a tu familia? Eres una pinche cagada.

- Pues así es esto apá, tú lo sabías y ni hablar valiste madres, no siempre se puede ganar y en el barrio no hay que descuidar la espalda, tú me enseñaste eso, de hecho creo que es lo único que me enseñaste en tu puta vida.

-¡Te voy a matar pinche Juan!

El Chango rápidamente trató de agarrar una de las armas, sin embargo, el Cráneo lo sujetó del brazo evitando que llegara a ella, mientras en tono imperativo le dijo a Juan Tostado:

-¡Agarra el cuete y jálale cabrón, si no te lo quiebras él te va a dar a ti y yo no voy a poder evitarlo morro!

Juan tomó la beretta y mientras apuntaba firmemente con ella a su padre le dijo con voz amenazante:

-¡Ya te cargó la chingada chango Tostado, aquí eres tú o yo y va por mi jefa, por mis carnales y por los Calavera!

Juan Tostado disparó tres tiros contra su padre, dos de ellos en el pecho y uno directo a la cabeza con el que cayó muerto de forma inmediata. Ante este hecho el Cráneo se quedó boquiabierto y mirando con gran asombro a Juan, no daba crédito a la forma tan inmutada y fría con la que el chico actuó, tal cual se tratase de un asesino profesional y no de un chaval que por primera vez accionaba un arma de fuego contra su propio padre.

-¡No chingues Juan, te lo quebraste, cabrón. Te chingaste a tu jefe!, eres un verdadero hijo de tu chingada madre.

-Pues sí Cráneo, eso es lo que querías, no wey. ¿Por qué te extrañas?

-Sí Juanito, sí acabas de demostrar que tienes un chingo de huevos, además de que eres fiel a la banda. Pronto llegarás a ser un fregón como yo, tienes la actitud y tienes la madera para incluso pasarme por encima chavo.

-¿Qué tan pronto será eso Cráneo? La neta quiero llegar lejos, quiero ser el mero chingón.

-Pues depende de ti y de los huevos que le pongas, aquí se deben hacer méritos todo el tiempo.

-Pues yo no tengo tiempo para méritos cráneo, yo llevo prisa y ahorita mismo voy a consagrarme en la banda y comenzar mi ascenso en el barrio. Tengo una oportunidad única para eso.

-Ah sí y ¿qué tienes en mente Tostado?, hoy ya diste un buen chingadazo, ¿qué más puedes hacer? Ya irás subiendo y seguramente será rápido.

-Pues te voy a reventar a ti también pinche Cráneo.

-No digas pendejadas Juan y deja esa fusca, ya tómate otro trago y vamos a deshacernos del cuerpo de tu jefe.

-¡Ya te cargó la chingada Cráneo no estoy jugando, ahora comienza mi tiempo, el tiempo de Juan Tostado!

Sin que el Cráneo siquiera pudiera distinguir entre la broma y la inminente amenaza, Juan en un instante terminó de descargar el arma con los últimos 4 tiros sobre la humanidad del Cráneo quien cayó fulminado por las balas que perforaron su corazón y su garganta.

De forma repentina entró el Guerrero quien sorprendido miró los cuerpos de los dos delincuentes tendidos en tremendos mares de sangre y a unos metros de ellos el jóven Juan Tostado sosteniendo firmemente el arma y dando un profundo trago a la botella de tequila. Juan volteó a ver de forma amenazante al guerrero y con la misma firmeza de su semblante le dijo:

-¡Qué pedo pendejo!, ¿qué estás mirando, quieres que te quiebre a ti también?

-No la chingues morro, ¿mataste a tu jefe y al Cráneo?, ¿qué pedo contigo, te quieres morir tú también verdad?

-Sí me los chingué a los dos, para que quede claro que yo no me andaré con mamadas, sea quien sea quien se ponga en mi camino me lo voy a volar.

-No pues relájate chaval, no se te vaya a escapar

un chingado tiro, tranquilo. Vamos a parlar sobre este pedo.

- Yo no traigo nada contigo Guerrero. Tú eres unos de los weyes más respetados y con más huevos que conozco, al contrario quiero que trabajemos juntos, traigo varios business en mente y sé por dónde moverme, vi las movidas de mi jefe, le aprendí un chingo y tengo idea de cómo podemos hacer crecer a la banda y de paso rayarnos ya sin el pinche Cráneo que nos esté pendejeando.

-Estás cabrón chavo, pero creo que tienes razón, estos dos culeros únicamente veían su beneficio y era claro que así iban a terminar por mierdas. Pues arre chaval, pero hay que organizar todo este desmadre, porque no sé cómo va a reaccionar la banda y el resto del barrio a la muerte de estos dos, sobre todo del Cráneo y además ¿cómo pretendes trepar a la cabeza? Hay mucha banda pesada que va a querer tomar el liderato de los Calavera y tú aún no eres nadie.

-Vamos a mantener a la banda y hacerla crecer con una nueva modalidad cabrón, tendremos una estructura horizontal, sin líderes ni caciques, sino como un pinche grupo unido y cooperativo, sólo así la vamos a armar. Yo sé perfectamente que no puedo mover el pedo solo.

-No sé morro veo difícil que otros de los más antaños le quieran entrar así, a ver si no se arma

una guerra, hay weyes muy ambiciosos y culeros
que querrán aprovechar esta nueva situación, en
particular el Chivo y el Quijano, ya los toparás.
-Pues si se arma, ¡qué se arme!, si ya me chingué a
estos dos, sin bronca me chingo a otros, o ¿te vas
a rajar Guerrero?
-Ya te dije que no, solamente hay que andar
truchas, ya te metiste de lleno a la cagada y de
aquí no se sale sin mancharse, así que ahora
debes saber que desde ya tu cabeza ya tiene
precio, tendrás que cuidarte hasta dormido, tu
vida será completamente distinta.
-Pues entonces vamos a chingarle y poner orden
en el barrio.
Esa misma noche Juan Tostado convocó a todos
los Calaverita a una junta a la que acudiría el líder
de los sicarios de los Calavera y su nuevo socio el
Guerrero; a aquella reunión también fueron
convocados los principales jefes de los Calavera.
Algunos aún no creían verdaderas las muertes del
Cráneo y del Chango, unos sorprendidos, otros
molestos, pero la gran mayoría de ellos aceptando
las "reglas" del barrio que dictan que la sucesión
de lideratos sólo ocurre por la muerte de la
cabeza. Al tratarse del asesinato hecho por alguno
de los miembros, se tendría que discutir la
situación, y de resultar un acto de traición, dicho
miembro debía ser ejecutado.
El Guerrero aseguró la asistencia de miembros

tan peligrosos y renombrados como: el Chivo, un antiguo miembro de la Policía Federal que había sido expulsado de la corporación después de haber sido descubierto en el negocio del secuestro y el tráfico de armas entre las pandillas del barrio. Tras abandonar la prisión se convirtió en el principal encargado de proveer de pertrechos a los Calavera así como de la comercialización de éstas en el mercado negro. Era un delincuente muy temido y con muchas influencias en las corporaciones policiacas de la ciudad y siempre fue muy cercano al Zambo Pedraza.

El Rulas era otro de los cabecillas de la banda. Él se encargaba de la comercialización de drogas en más del 70% del barrio y de las colonias cercanas, era el principal dealer y controlaba a todos los narcomenudistas de marihuana y cocaína de todo el primer cuadro de la ciudad. Él era un hombre que llevaba una vida de excentricidades quien a kilómetros delataba su muy lucrativo oficio, lo cual se convertía en la estampa icónica de deseo aspiracional de muchos chavales del barrio: dinero, mujeres, lujos y fama. El Rulas trabajaba muy de cerca con otro de los hombres clave de la banda, como el Alucín, enlace directo con el cartel de los Alfas que controlaban toda la zona centro y sur de la República Mexicana. El Alucín era un hábil y carismático negociador que había conseguido importantes cargamentos de droga convirtiendo a los Calavera en la banda privilegiada de dicho cartel. A pesar de su bajo perfil (pues lucía como cualquier hombre de negocios sin parecer en lo absoluto un traficante de alta esfera) era muy conocido y respetado por la banda y la gente del barrio, siempre se le miraba muy elegante con sus 3 escoltas y su flamante Mercedez Benz.

El Guasón era el contador de la banda, un genio para las finanzas, a diferencia de muchos de los miembros de los Calavera. Él pudo ir a la universidad y terminar su carrera de Administración de Empresas, era de los más jóvenes, no pasaba los 25 años. Sin embargo se había ganado toda la confianza del Cráneo por su lealtad y sobre todo eficacia. Él era un niño "fresa", había nacido en el barrio pero al cobrar sus primeros trabajos en cifras de seis cifras, rápidamente salió de ahí para vivir en una de las zonas más exclusivas de la ciudad. Siempre vestía impecable, a la última moda y el buen gusto y la sofisticación en su modus vivendi era su rasgo distintivo. Normalmente no formaba parte de las decisiones, sin embargo era una de las piezas clave de la organización.

El Chaneque era un típico hombre del barrio, carismático, vicioso, gran negociador y sobre todo de gran estima entre la gente. Él mantenía una gran relación con comerciantes y habitantes de la Morelos, controlaba a gran parte de los consejos vecinales. Jugaba un papel vital para los Calavera, para la banda el apoyo de las personas era fundamental como una protección y sobre todo respaldo. El Chaneque evitaba que los Calavera abusaran de las personas que no estaban vinculadas con las pandillas (lo cual era por demás complicado en el barrio) y era una especie de Robin Hood, pues parte del dinero de los "negocios" los utilizaba en beneficio de la gente.

Una historia completamente distinta a la del Chaneque era la del Quijano. Este hombre era uno de los más repudiados en el barrio y en la misma banda.Él junto con su chica, la Pronta, se encargaban de la trata de mujeres y niñas para prostituirlas. Eran una pareja muy violenta, de malos tratos a todos, eran muy temidos pos sus métodos de amedrentamiento y tortura a las mujeres que explotaban sexualmente. Con el dinero que habían ganado en estas actividades se habían hecho de varios negocios como bares, hoteles y prostíbulos. Eran incondicionales del Cráneo, muy cercanos al Zambo y al diputado Malpica. Debido a lo redituable de su "negocio" eran considerados intocables dentro de los Calavera.

Estos eran los más importantes miembros de la banda. Para Juan Tostado no sería una tarea fácil poderles convencer y sobre todo integrarlos a la nueva estructura de los Calavera, si bien tenía el apoyo de uno de los más temidos, el Guerrero, la cuestión era fundamentalmente ser convincente con los más allegados al antiguo jefe, y lo peor y más complicado, enfrentar a las cabezas política y policial que eran las que realmente estaban detrás no solo de la estructura delictiva de los Calavera sino de todas las bandas del barrio. Sin duda el futuro no parecía halagador y mucho menos sencillo.

Esa noche, Tostado se reunió primero con sus muchachos para planear una estrategia y salvar su pellejo de los leones a los que estaban a punto de enfrentar. En la pre-reunión se acordó lo siguiente:

-Cabrones, ya se enteraron lo que le hice a mi jefe y al Cráneo, pues ahora la cosa es saber cómo nos vamos a organizar y sobre todo cómo vamos a aplacar a los Calavera. Ya saben que hay muchos que no van a tomar esto de buena manera y me van a querer chingar, quiero saber desde ahorita ¿con quién de ustedes cuento? Y con quien no, de una vez ábranse a la chingada.

Matehuala fue el primero en responder:

-Ya sabes que conmigo cuentas hasta la muerte Juan, en eso quedamos, desde niños somos amigos y esto no cambia nada ¿o no cabrones, quién se va a rajar?

El Camello, fue un poco más analítico en su respuesta:

-Pues mira Juan, va a estar cabrón, los Calavera son muy pesados. No creo que de buenas a primeras vayan a tomar esto de forma tranquila, sobre todo los que más intereses tienen en el negocio o los que mejor la llevaban con el Cráneo. Creo que lo mejor que podemos hacer es negociar y no imponer, y sobre todo, pienso que hay que ganarnos a weyes como el Chaneque, el Guerrero y el Alucín,. Ellos sin duda son las cartas fuertes y son la estructura, el resto son cabrones que pueden ser sustituibles y que incluso sobran y pueden representar la principal traba para nuestras aspiraciones. Particularmente me refiero a ese pinche Quijano, al Chivo y al Rulas, ¡aguas con esos ojetes!, debemos, en la medida de lo posible, acabar con ellos.

El Tiburón intervino repentinamente:

-Simón, yo estoy de acuerdo con el Camello, el Chaneque es mi tío y ese wey es bien leña, él va a estar de nuestro lado. Varias veces lo escuché decir que estaba hasta la madre del Cráneo y sus gandalleces con el barrio. Ese wey ya no lo quería y estaba a punto de mandarlo a la chingada. Te le adelantaste Juan, el Chaneque sin duda verá con buenos ojos una nueva dirigencia, y tenerlo a él de este lado, es tener al barrio, no lo debemos dejar ir ni meternos en pedos. Otra bandas también la llevan relax con él, así que dónde le busquemos debemos tenerlo de este lado.

Juan les respondió:

-Me parece chido lo que dicen y ustedes ¿qué pedo Rata y Chacal, cómo ven el desmadre?

El Chacal contestó la pregunta de Juan de forma inmediata:

-¡No mames Juan!, ¿qué quieres negociar con esos ojetes?, de una vez vamos a darles en su madre. Yo digo que consigamos ahorita en corto unos plomos y les demos fuego a esos cabrones. Vamos a agarrarlos desprevenidos, mientras tu parlas con ellos. Estos weyes y yo nos los chingamos y asunto resuelto, ¿o no pinche Rata?

-Simón, yo apoyo al Chacal, aquí no hay nada que negociar Juan, si ya te chingaste al mero efectivo que era el Cráneo, y ya hasta a tu papá le diste fuego, pues vámonos tendidos con el resto y de una vez tomamos todo el control en el barrio. Esos weyes lo van a hacer en cuanto nos apendejemos.

Inmediatamente intervino el Camello:

-Dejen de decir mamadas, ¿ustedes creen que es tan fácil?, la banda no son sólo esos weyes, en la banda hay más de trescientos miembros, hombres, mujeres, tiras, hay negocios, hay mafias de por medio, políticos. No podemos hacer una pendejada así de irresponsable y suicida, nos estaríamos poniendo la soga al cuello, tenemos que usar las neuronas y no las hormonas, par de pendejos.

-Bájale a tu desmadre Camello, porque si sigues pendejéandome te voy a volar a ti también.

-A mi no me amenaces pinche Chacal, ¿tú crees que me das miedo, pinche matón de cuarta?

-Pues debería pinche ñoño porque podrás hablar muy bonito y decir mucha palabrería, pero en el barrio el respeto no se gana hablando, se gana con los huevos.

-Pues lo malo que tú ni huevos tienes, te sientes muy chingón con tus pistolitas y tus cuchillos, pero sólo así puedes y como estás tan pendejo un día ni así podrás.

-Pues por lo menos contigo sí podré putito, así que vámonos recios, déjate venir.

Esa discusión fue interrumpida imperativamente por Matehuala:

-A ver, ¿ya estuvo no?, se me relajan o les parto la madre a los dos y al mismo tiempo y saben que me la pelan, así que no le busquen. Aquí estamos tratando de solucionar el pedo no hacerlo más grande, así que como dijo el Juan hace rato, si no se van a formar de este lado, sáquense a la chingada y no los quiero volver a ver, y saben que no me ando con mamadas, ¿entendido?

-Sí Matehuala, sabes que estoy con ustedes pero este pendejo del Chacal todo lo quiere resolver como simio, yo estoy de tu lado y con el Juan, pero este cabrón sólo se la pasa diciendo estupideces.

Matehuala movió la cabeza dando la razón al Camello y mientras miraba al Chacal lo cuestionó:

-Y tú Chacal, ¿estás aquí o te abres de una vez, qué hay de ti Rata?

El Chacal contestó:

-Pues a mí no me convencen sus formas, pero soy un wey de huevos y si dije que estaría con ustedes, lo cumplo, además el Juan es el que mueve, el tiene la última palabra, ¿o no Rata?

-Por mi chinguen a su madre todos, esos weyes no se la van a perdonar al Juan y si nosotros le seguimos el juego también nos va a cargar la fregada. Yo mejor me abro y sigo en mi business robando, me sale pa´l vicio y no le doy cuentas a nadie. Yo siento que a todos ustedes se los van a chingar por vergueros, pero sí así quieren terminar, es su pedo; ¡ahí nos vemos putos!

Matehuala, ante esta decisión cuestionó a Tostado:

-Juan no mames, así sin más lo vas a dejar ir, nos puede poner un cuatro con los Calavera y todo se viene abajo, además un pinche traidor no puede andar por ahí como si nada, necesitamos imponer respeto wey.

-Pues tú cómo vez, ¿le damos fuego en corto?

-Yo digo que sí, a la chingada.

-Pues ni pedo; ¿quién lo alcanza y se lo chinga?

El Chacal contestó mientras rápidamente sacaba una navaja de por lo menos 15cm de largo, afilada como para cortar una res y aceleraba el paso en dirección del Rata:

-Yo me lo chingo, a mi me encanta tronarme gente. Y a este pendejo ya le traigo ganas.

El Chacal llegó corriendo hasta donde el rata trataba de huir del grupo caminando aceleradamente, al darse cuenta del inminente ataque, dio la vuelta para enfrentar al agresor. Ambos jóvenes comenzaron a forcejear durante un par de minutos, sin embargo y a pesar de que el Rata trató de arrebatarle la navaja al Chacal, este en una maniobra rápida la incrustó en el cuello de su rival, quien comenzó a desangrarse de forma inmediata y a los pocos segundos cayó al suelo donde se desangró hasta dejar de respirar y murió tendido en una de las calles de la Morelos, una escena habitual.

El Chacal volvió con un rostro de satisfacción y una tranquilidad pasmosa.

-Ya estuvo Juan, ya valió ese wey.

-No mames Chacal, ¡eres un pinche animal! pues ahora en chinga llévense ese cuerpo y tápenlo con basura, ya mañana se lo llevarán los forenses cuando lo encuentren, si no es que antes se lo tragan los perros callejeros. Órale Tiburón en friega ayúdale al Chacal con el cuerpo.

-Simón Juan, en corto nos deshacemos de él.

-Va cabrones ahí se los encargo, nosotros nos iremos moviendo que ya nos han de estar esperando los Calavera. Nos alcanzan en el Tin Tán, allí va a ser el encuentro.

El Camello y Chacal siguieron las indicaciones mientras el resto de los Calaverita acudirían a la cita con su propio destino y con el futuro.

Uno a uno empezaron a llegar los cabecillas de los Calavera con sus respectivos grupos y personal de seguridad. Fue una reunión a la que acudieron más de 100 personas pero en la mesa sólo se sentaron los principales Calavera y Calaverita en medio de un ambiente muy tenso.

El primero en tomar la palabra fue el Guerrero:

-Pues bien banda, ustedes ya saben el por qué de esta reunión. Ya les conté lo que pasó en la mañana entre este wey (Juan), el Cráneo y el Chango. Entonces aquí vamos a resolver ¿qué haremos al respecto, cuál va a ser el rumbo de la organización y cómo nos vamos a reestructurar?, entonces pues ¿qué les parece si primero escuchamos al Juanito a ver qué explicación nos da del por qué se tronó a esos weyes? Pues órale pinche Juan, suelta el verbo.

Juan Tostado comenzó su explicación:

-Ok, pues miren banda, todo esto fue un desmadre que se salió de control, yo soy hijo del Chango y por encargo del Cráneo descubrí que le estaba picando los ojos a la banda, entonces pues lo tuve que poner, yo pensé que el Cráneo se lo iba a chingar o quizá el Guerrero, pero ese cabrón me obligó a matarlo. Yo no tuve pedos, pero me di cuenta que el Cráneo era un pasado de lanza y que lo que le importó fue el piquete de ojos a él y no a la banda. Además el Chango me contó que gran parte de las ganancias se las chingaba o se las repartía a su verdadero patrón, el Zambo usando a los Calavera en beneficio de ellos mayoritariamente.

Entonces, pues la neta ese no es el líder que necesitan los Calavera y tampoco el barrio, nosotros necesitamos ser una organización más justa con todos, al final si este pedo funciona es porque todos le ponen huevos, incluso debemos ser más discutidos con la gente del barrio que la neta está bien jodida, debemos hacerles el paro, son nuestra sangre y nuestra gente. También esa mamada de que nos estén moviendo los políticos y la tira debemos de cambiarla, esos cabrones no pueden estar por encima de nosotros, no tenemos que ser sus gatos sino una organización independiente. Tenemos toda la estructura y todos los huevos para hacerlo, y también podemos buscar alianzas con las otras bandas, eso de vivir a putazos y confrontados con ellos ya no debe continuar. En esos enfrentamientos sólo perdemos los que estamos aquí en la pinche trinchera y las cabrones de arriba sólo se benefician de esta pinche carnicería. Entonces yo les propongo que nos pongamos las pilas y cambiemos varias cosas que no nos dejan crecer y nos mantienen en guerra, armemos un giro en todo esto para que nos vaya chingón a todos. ¿cómo ven?

El primero de los Calavera en responder fue el Alucín:

-Pues yo no tengo bronca con lo que dice este morro, pero la cosa es que los Alfa nos surten la merca porque hay paro con la tira, con el Zambo y más arriba con Malpica; ahora chaval si tú planteas abrirlos, ¿cómo le vamos a hacer con eso? Los Alfas no van jugársela a lo tonto, además las otras bandas también trafican droga, incluso por ahí me enteré que los Molachos ya van a meter maroles y tachas. Esas las vende el cartel de los hermanos Xolalpa, entonces ahí hay otro pedo, nos tendríamos que enfrentar también a ellos, yo veo difícil el desafanarnos tan fácil.

El Camello tomó la palabra contraargumentando al Alucín:

-Yo sé que hay mucha bronca con lo de las drogas, pero podemos pactar con los Molachos y hacer una tregua de venta, que ellos se encarguen de lo sintético y nosotros mercamos la mota y la nieve que es lo que más se vende y lo que los Calavera siempre hemos movido. No tenemos que confrontar a los cárteles, a ellos lo que les importa es vender su merca y así seguirá siendo, pero en orden, si comenzamos a enfrentarnos por la plaza con los Molachos se desatará una guerra que difícilmente se terminará, esos también son cabrones, tienen mucha presencia y no se van a dejar, Yo apoyo al Juan en la idea de buscar treguas y pactos de caballeros con las bandas, o en su defecto integrarlas a los Calavera.

-Pues suena muy fácil morros, pero la cosa es ¿quién va a negociar con los Molachos?

Juan intervino:

-Mira Alucín, yo escuché al chango antes de matarlo que negociaba con el Pitirijas y ese wey a cambio de una lana de las rentas del eje le iba a concesionar parte del busines de las tachas, entonces a cambio de ese billete podemos negociar lo de la droga, sería cosa de que el Rulas se organice en los espacios y plazas con el dealer de los Molachos, esos weyes van a aceptar, estoy seguro.

-Y ¿quién va a sentarse a parlar con los Molachos, tú?

-Pues ¿por qué no? Pero también podemos ser una comitiva, yo me ofrezco pero que vayan también el Rulas y el Guerrero. Al final somos los que vamos a estar en el campo de batalla, y los que siempre los vamos a topar en este jale.

-Pues yo creo que no será tan fácil, pero si lo arman, yo no tengo problema con eso, sólo no

quiero ir a poner mi cara de pendejo con los Alfa.
El siguiente en tomar la palara fue el Chivo:

-A ver morro, me queda claro lo que pretendes, aunque no me termino de digerir que te chingaste a mi amigo el Cráneo, yo me cuadro a lo que diga la mayoría de la banda, no con mucho agrado por cierto, además no me late en lo absoluto que un pinche traidor como tú que también es un pinche mocoso quiera venir a movernos, y a decirnos que mandemos a la chingada al Zambo, ¿pues qué te crees pendejo? lÉ es el que me apadrina y sin él se va a poner cabrón poder conseguir y mover las armas, lo necesitamos a él y a la tira, si no tenemos su protección nos van a chingar a todos. Así que no seas pendejo y piensa lo que dices y cómo lo dices.

Juan respondió de forma elocuente:

-Bájale a tu tono pinche cuico, no porque hayas estado en cana y hayas sido tiro te sientas de hule que así como le metí una plomiza al Cráneo te la meto a ti.

-No me amenaces pendejito, que te puedo volar a ti a toda tu familia y a tu bola de amiguitos puñetas, chamacos pendejos.

El Guerrero sentenció:

-¡Relájense carajo!, aquí nadie va a quebrar a nadie, estamos negociando y no vamos a arriesgar el futuro por tonterías, así que cuádrense y hablen como si fueran personas y no estén gritando como simios.

Juan respondió:

-Yo es lo que trato de hacer Guerrero, pero el Chivo es un pinche cavernícola, policía tenía que ser. Él únicamente está pensando en sus asuntos y lo demás le vale madres, ¿qué acaso no nos conviene ser autónomos en el barrio?, sí nos organizamos chingón y organizamos a la gente, podemos hacer de nuestro territorio una zona libre de esos pendejos, donde la única ley existente sea nuestra ley. Está más que comprobado que no hay autoridad que pueda con la organización social, con la gente de nuestro lado, con los pactos y treguas con las otras bandas y con todos las Calavera jalando para el mismo lado, la tira sale sobrando.

El Chivo volvió a interrumpir:

-Ahora este pendejito ya se siente el Ché Guevara, el pinche Pancho Villa de la Morelos, ¡no mames pendejito!

-Bueno pinche Puerco, ya verás que los sacamos a la fuerza, y si te pones de su lado tú también sales volando ¿cómo ves?; total armas podemos comprar con los Milicos o con la mafia gringa o rusa, así que no te sientas indispensable y menos el chingón de aquí. La tira se tiene que ir, ya estuvo bien de que nos estén agarrando de sus pendejos.

-Pues quiero ver Juanito, Quiero ver si eres tan

chingón para sacarlos del barrio. Me cae que no sabes ni al tigre que quieres desencadenar.

En medio de la discusión apareció el Chaneque:

-Aguanta Chivo, creo que este morro no está tan equivocado, la gente en el barrio ya está hasta la madre de la tira, de las pinches balaceras, de las matanzas, de no poder vivir relax en su propio barrio. La gente ya sabe que este es un lugar caliente, ya se acostumbró a la pinche delincuencia y a que la principal actividad que da de comer aquí es el crimen. Pero a pesar de ello estoy seguro que esto puede mejorar si nos organizamos y creo que algunas de las ideas de este chaval son buenas, es cosa de ponernos las pilas y seguro crece esto para todos. Yo estoy con el Juanito, e incluso yo puedo negociar con la gente para mandar a la chingada a la tira e incluso puedo conseguir parle con líderes de las otras bandas y pues quien se ponga enfrente también la va a pagar chivito.

-Chido Chaneque, yo siempre he sabido que tú tienes más sentido común que el pendejo del Chivo.

-Pues a mí lo que me importa es que el barrio levante no que cabrones de afuera nos vengan a mover.

-Ya verás que si conseguimos la autonomía y hacemos nuevamente nuestro el barrio.

Con desconfianza y evidentemente molesto el

Chivo respondió:

-Pues allá ustedes, la tira neta se va a poner bien loca y nos va venir a hacer una fiesta, y el Zambo no va a perder así nada más todo el billete que le genera este barrio, pero pues juéguenle al vivo. Yo jalaré con la banda pero no por convicción sino por obligación.

El Guerrero le hizo un recordatorio al Chivo:

-Pues más te vale cabrón, porque ya sabes lo que pasa aquí con los soplones y con los putos, así que lo que aquí se parle aquí se queda y tarde o temprano los borregos y los traidores caen, ya ves al Chango.

El siguiente en tomar la palabra fue Quijano:

-Bueno como veo que la mayoría ya está tomando acuerdo con este pinche chamaco pendejo no tengo más que cuadrarme a la decisión, pero yo apoyo al Chivo, aquí se va a desatar un desmadre por todo lo que se puede cambiar. Yo no quiero perder mis negocios y menos tener pedos con la tira, yo le aporto mucha plata a la banda y recibo también privilegios y no quiero que por esta "revolución" que quieren hacer se me caigan las cosas, así que yo solo les pongo eso claro, si a mí me chingan, yo también chingo. Además hay otra cosa que no hemos establecido, ¿cómo vamos a definir al o los líderes? Antes era el Cráneo, ¿ahora qué pedo? Juan respondió:

-Justamente eso es lo que definirán los méritos dentro de la banda, quien más se rife tendrá mayores beneficios y decisiones.

El Guerrero tomó la palabra y sentenció:

-Pues entonces parece que estamos de acuerdo ¿no?, y si es así yo propondría que nos comencemos a reestructurar desde ya y sobre todo incorporar a los morros del Juan, a los Calaverita que ya deben ser parte activa de esto. Y comenzar a darle a todo lo que ya acordamos, las próximas semanas serán de mucha chamba para todos, pues además de lo que hacemos tenemos que armar este nuevo desmadre y tendremos que estar preparados para todo, resistencias, traiciones, victorias, derrotas, putazos, balazos y putazos.

4.

EL BARRIO ARDE

Las semanas subsecuentes se convirtieron en las más álgidas en la Colonia Morelos, la ya de por sí dividida multiplicidad de bandas se radicalizaría después de que el Chivo se encargó de notificar todas las determinaciones del consenso de los Calavera al Zambo. Así mismo se consiguió el apoyo de los Caguamos con quienes desde antes ya tenía varios negocios, pues a escondidas del Cráneo, el Chivo les vendía armas y tenía una estrecha amistad con el líder conocido como el Zopilote.

El Chivo tuvo una reunión con el Zambo y el Zopilote en la cual determinaron acabar con los Calavera y adueñarse del barrio.

-A ver pinche Chivo ahora sí cuéntame con detalle, ¿cómo está este pedo con los pinches

Calavera y cómo qué el Cráneo ya valió madres?
-Simón Zambo, como te conté por teléfono esos cabrones quieren reestructurar toda la movida en el barrio, hacer pactos y treguas con la gente y entre las pandillas, poner pilas a la gente, sacar a la tira y de pasada mandarte a ti y a Malpica a la chingada. Andan bien alebrestados desde que el hijo del Chango, un tal Juan Tostado se lo quebró junto al Cráneo, ese morro les anda metiendo mucha cagada a los demás, y la bronca es que le hicieron segunda el Guerrero y el Chaneque.
-¡No mames, me lleva la chingada!, pues desde ya hay que darle cuello a ese pendejito, y a todos los que le anden dando alas.
-La cosa es que no está tan pendejito tiene buen verbo y una bola de chavales que lo respaldan y también le entran al trompo y hasta se han quebrado weyes, parece que el guerrero también le va a tirar esquina, es muy carismático ese cabrón, va a estar cabrón cazarlo.
-¡Ningún carisma ni verbo aguanta un pinche plomazo!, ¿o no pinche Zopilote?
El líder de los Caguamos respondió:
-Así es mi Zambo, vamos a partirles su madre, entre mi banda y los tiras que puedas mandar seguro les ponemos una chinga, y ¿qué pedo chivo nadie de los Calavera quiere voltear bandera?, pa´ jalarlos de este lado y ser más.
-Pues no creo el guasón y el Alucín son unos

pinches mercenarios y se van a jalar donde vean billete, mientras los Calavera les garanticen ese jale ahí se van a quedar. Además el cartel de los Alfa confía mucho en ellos, los Calavera son fuertes en el barrio, el Cráneo dejó muy bien parada a la banda. El Rulas es chavo del Guerrero y no creo que le de volteón, el Chaneque y el Guerrero se ven bien firmes con el Tostado, igual y el único que se nos une es el Quijano, se ve que ese wey no quedó nada contento con tanta mamada, ese cabrón es bien ambicioso y si le ofrecemos protección en sus asuntos sí lo podemos alinear, yo trataré de jalarlo.

El Zambo sumamente irritado y visiblemente encolerizado sentenció:

-Pues yo voy a mandar a partir de mañana varios operativos de granaderos y azules a hacer redadas para chingar a todos los comercios ambulantes renteados por los Calavera para que se les arme un desmadre. También voy a mandar algunos judiciales para ir buscando y cazándolos uno por uno. Les vamos a sembrar más delitos de los que ya traen en las espaldas y una vez apañados no van a salir del tambo esos hijos de la chingada. Ahora sí sabrán lo que es la guerra de verdad por culeros.

-Pero unos de los morros, incluyendo al Tostado son menores de edad zambo y aunque se vayan al tutelar van a salir en cuanto cumplan los 18 años.

-Sí Chivo, pero adentro no creo que salgan los putitos, al menos no vivos o completos, no saben con quién se metieron.

-¡Sobres!, pues el Zoplote y yo les vamos a armar una fiestesota con mi gente y los Caguamos, los vamos a torcer en seco, ¿o no Zopilote?, sabemos por donde se mueven y los vamos a agarran apendejados.

-¡A huevo chivo!, los Caguamos somos como unos 40, pero ya con la tira sí la levantamos, además tú nos corres más armas y ya estamos.

-Pues ya pues, organízate a tu banda y esta misma noche podemos comenzar mientras el Zambo monta todos los operativos y su logística. Esos weyes están bien confiados y se sienten intocables en el barrio.

-Simón mi Chivo, los vamos a torcer hoy mismo, hay que comenzar por chingarnos a los más chavales, o ¿cómo ves?, con esos weyes no habrá tanta resistencia.

-Nel wey, yo creo que mejor le pegamos al guerrero y a su gente que son los más pesados, porque sí nos chingamos a los morros los demás tendrán tiempo de organizarse, mejor vámonos recios

-¡Ya estás mi chivo!

El Zambo se despidió dejando claro el accionar:

-Pues bueno cabrones, me voy porque tengo que arreglar unos asuntos y darle parte de todo esto al

Diputado Malpica. Trataré también de encontrarme con la gente de los alfas para persuadirlos a que ya no les merquen a estos cabrones y dejarlos aislados. Pues ya quedamos en esta semana ándense al tiro porque va a estar caliente el barrio.

Al mismo tiempo que se organizaba este tridente, el Chaneque y su sobrino el tiburón junto a Juan Tostado se reunían con varios representantes del barrio para fijar la tregua y las nuevas condiciones de relación con los Calavera. Sin duda este pacto con el grueso de la población fue determinante en la confrontación que estaba por venir.

El Chaneque les dijo a los dos jóvenes:

-Órale chavos apúrenle que ya está la gente en el deportivo, van los representantes vecinales, algunos líderes de comerciantes, unos pinches porrillos del CONALEP e incluso creo que se va a jalar el príncipe.

Juan con una notoria sorpresa en su voz dijo:

-¡No mames Chaneque!, ¡¿te cae que va a ir el Príncipe?! El mero chingón de los Santeros, ese wey es Babalao, ¡no mames! ¿cómo lo convenciste?

-Pues eso fue lo que me dijo uno de los Santeros, mi padrino el Paco.

-Pues sí unimos a esos weyes ya chingamos Chaneque, en el barrio y en un chingo de lados ellos pesan bien recio. Eso nos va a caer de perlas.

-Lo sé Juan, por eso nos tenemos que aplicar y pintarles un panorama chido, el Príncipe rara vez se deja ver y menos aún pacta con banda alguna, ese wey es bien respetado en todos lados, incluso artistas, políticos y gente muy adinerada viene a la "iglesia" del Príncipe. Él es un referente y por supuesto una alianza, de concretarse, nos abrirá puertas y paros que jamás habíamos tenido, ya verás.

-Pues vámonos recios chaneque de esto va a depender que la armemos.

Cuando los tres pandilleros llegaron al Deportivo "Héroes de Cananea" había por lo menos 40 personas, los representantes de varias manzanas, líderes comerciales y el más esperado de todos, el célebre Babalao cubano y el Príncipe. Ante este favorable panorama el Chaneque le habló a la multitud:

-¡Barrio, un gusto ver a tantos conocidos aquí!, pues como ya muchos de ustedes saben, el Cráneo fue asesinado junto con el Chango por un miembro de nuestra banda, este compita que está junto a mí, se llama Juan Tostado, Esta muerte nos ha hecho cambiar y reestructurar todo el funcionamiento de los Calavera y de la misma forma tenemos en mente cambiar las formas de acción y relación con todas las personas a las que ustedes representan, con el barrio. Acordamos que ustedes deben ser una pieza protagónica y evidentemente pieza central de muchos de los beneficios que nuestra organización genere. Es claro que con el apoyo moral y con su respaldo los Calavera siempre hemos sido la banda de mayor preponderancia en la Morelos, eso nos ha hecho crecer, antes cuando el Cráneo movía, ustedes eran cautivos e inclusive víctimas. Algunos nos apoyaban por simpatía, otros por miedo, pero la idea es cambiar eso.

Juan Tostado completó el discurso del Chaneque:
-Nos hemos propuesto contribuir con ustedes y que ustedes contribuyan con nosotros, ya no habrá presiones económicas, ni extorciones a cambio de "protección" por parte de nosotros, siempre y cuando ustedes sean nuestros aliados a la hora de los putazos, nuestros cómplices a la hora de encubrirnos y nuestro respaldo en todo momento. Ustedes se preguntarán ¿qué ganaremos nosotros apoyando a los Calavera?, pues bien, como les mencionó el Chaneque. Aparte de que ya no habrá rentas por nuestra parte, les daremos protección y un porcentaje de nuestras ganancias de los bussines las vamos a dedicar a mejorar condiciones del barrio, como el pinche gobierno nos tiene viviendo en nidos de ratas, a nuestros chavos los tiene estudiando en basureros y nuestra colonia parece una zona de guerra. Los Calavera le vamos a destinar un

billete a mejorar esto, la idea es que el barrio sea nuestro y a pesar de ser una zona roja en la ciudad, podemos vivir como personas y no como pinches bestias.

Tomaría la palabra Don Basilio, líder de los comerciantes del eje:

-Suena bien cabrones, pero las otras pandillas ¿qué pedo?, ellos también nos van a querer extorsionar, la misma tira lo hace. La violencia no es solo por ustedes, los Calabazos, los Caguamos, los Molachos, también ellos tienen esto convertido en un barrio bravo, también ellos constituyen una pinche amenaza. ¿Qué haremos con eso?, no los podemos matar, algunos miembros de esas pandillas también son de nuestras familias.

El Chaneque respondió:

-Simón Don Basilio, entiendo ese pedo. El Guerrero y Juan Tostado se encargarán de negociar con las otras bandas sobre los términos de la nueva organización del barrio. Trataremos de que esas bandas también se sometan a ello, obviamente si ustedes nos apoyan y con lo que traemos nosotros no habrá forma de que banda alguna o corporación policiaca se nos pongan enfrente. Si estamos todos en la misma línea les aseguro que tendremos todo el control y podremos hacer todo lo que nos propongamos.

-Pero seguramente varios se pondrán pendejos, a

ellos ¿se los van a chingar?, arderá esto Chaneque.

-Siempre hay riesgos y los cambios también implican sacrificios, trataremos de negociar a la buena, pero estamos preparados para todo. ¿Cómo ven?

Intervino uno de los líderes vecinales:

-Pues yo creo que esto hacía falta hace muchos vecinos, no sé ustedes pero yo estoy hasta la madre de vivir bajo los huevos de las pandillas y de la tira, y al parecer lo que estos weyes proponen es que esto se invierta. Ahora las bandas funcionarán por y para nosotros, al menos es lo que yo les estoy entendiendo.

Juan intervino:

-Simón Don, más o menos es la tirada, ustedes nos dejan chambear y nosotros los dejamos vivir en sana paz. El barrio es nuestro hogar y los debemos defender y cuidar, ustedes son nuestra gente, nuestra familia, nuestra sangre y con la sangre no se pasa nadie de lanza.

-Sí, a huevo así debe ser. Pues yo estoy de acuerdo, y yo creo vecinos que deberíamos entrarle, al fin peor no podemos estar, hay que cambiar las cosas, si funciona ¡ya chingamos!, pues hagámoslo con votación, levanten la mano quienes estén de acuerdo.

El noventa por ciento de los asistentes estuvieron de acuerdo con los términos y acordaron el apoyo desde ese mismo momento. Sin embargo faltaba la importante opinión del Príncipe, quien interrumpió el tumulto:

-Muy bien, me dá gusto que se estén organizando en su beneficio, pero ¿a mi pa´qué me trajeron?

Inmediatamente el Chaneque contestó:

-Príncipe, con usted es con una de las personas que más nos interesa pactar, yo sé que su Templo Santero, sus servicios espirituales son solicitados por muchísimas personas, y que este barrio tiene como uno de los elementos de mayor importancia justamente ser su hogar. Entiendo también que su religión busca el beneficio de las personas, entonces estamos buscando lo mismo, el apoyo de usted y los Santeros es prioritario. Nosotros no intervendremos en lo absoluto en sus actividades, sólo requerimos su respaldo y de hecho a muchos nos interesa su apadrinamiento, de nosotros obtendrán devoción y obviamente recursos.

-Es buena su idea Chaneque, pero recuerda que nosotros no tenemos preferencia por nadie, todos aquellos que se acerquen a nosotros son nuestros hermanos. Entonces no podremos intervenir salvo a nombre de los antos, y para que ustedes sean nuestros hermanos y protegidos es necesario bautizarlos. Sé que tú ya eres parte de nuestra familia y que algunos de los Calavera ya tienen protección de sus santos padres, pero los demás se deben acercar y sobre todo tener respeto por otros hijos de los santos.

-Entiendo Príncipe y seguro todos los Calavera estaremos de acuerdo en recurrir a su santa protección, en estos días todos los que no están bautizados irán a su templo a iniciarse. Es nuestra voluntad y nos queremos encomendar a sus santísimas atenciones. Comenzando por ti ¿verdad Juan?

-Claro que sí Chaneque, y así lo haremos Príncipe, en cuanto me digan qué se debe hacer, todos nosotros nos iremos a bautizar sin falta Príncipe.

-Muy bien, espero que todos los Calavera estén igual de convencidos que ustedes y acudan a nosotros por convicción verdadera para que podamos ser familia en breve.

-Así será Príncipe.

Se llegó a un acuerdo con los vecinos, los Calavera tenían al barrio de su lado y estaban cerca de una sinergia espiritual con los santeros, las cosas marchaban bien al parecer, sin embargo el primer enfrentamiento estaba a unos minutos de ocurrir.

El Guerrero y el Chacal se dirigían a la calle Granada iban acompañados de unos diez más de los Calavera, cuando súbitamente fueron interceptados por unos veinte Caguamos encabezados por el Zopilote. Llevaban armas de fuego y punzocortantes, así como cadenas, toletes y unos cuatro perros pitbull fieramente entrenados. Los Caguamos toparon de frente a los Calavera y el Zopilote les gritó:

-¡Ahora sí puñales ya se los llevó la verga!

A la par de este grito de guerra ambos bandos abrieron fuego ocultándose unos y otros entre los puestos semiensamblados y los contenedores de basura de la calle. Con el primer embate cayeron varios integrantes de ambos bandos y unas cuatro personas que estaban por ahí, dentro de los muertos se encontraba el Zopilote quien recibió un certero impacto salido del arma del Guerrero. El tiroteo se prolongó cerca de 20 minutos, cuando este se encontraba en su momento más álgido, el Guerrero realizó rápidamente una llamada al Chaneque:

-¿Dónde andas cabrón?, estos pinches Caguamos ya nos están manchando, nos agarraron a plomazos en Granada y son un chingo, la mayoría traen cuetes, jálate con los que puedas pero en chinga.

-¡No mames!, en corto voy por los que encuentre y nos jalamos.

-Pero en chinga que ya casi no traemos balas y ya se chingaron a muchos de nosotros.

El Guerrero y el Chacal parecían tener tino de francotiradores, pues básicamente todas las balas que disparaban acertaban en los Caguamos. Entre ellos dos abatieron a unos doce, aproximadamente. Esto era observado con sorpresa por el Chivo, quien desde lejos atestiguaba el fuego cruzado. Sin embargo los diez Calavera que los acompañaban ya estaban muertos para ese entonces, estaban ellos resistiendo estoicamente una muerte que parecía inminente.

El Chaneque y Juan en unos cinco minutos llegaron con unos treinta calavera y con los Calaverita quienes iban fuertemente armados, sorprendieron en el tiroteo pues atacaron por las azoteas de algunas vecindades de Granada; tras un intenso rafagueo cayeron los Caguamos restantes. Uno de ellos en el suelo delirando fue tomado por Juan quien rápidamente lo interrogó:

-A ver hijo de la chingada, ¿quién los mandó a plomearnos?, responde pendejo

-No sé wey, a nosotros nos dijo el Zopilote que ustedes nos querían chingar, que uno de ustedes rajó y los puso.

-¿Quién rajó cabrón, cómo se llama?, acuérdate del nombre o te corto los huevos y hago que te los tragues.

-No me acuerdo chido, creo que le dicen el Chivo, pero no estoy seguro, ya estuvo wey, no me mates.

-¡El Chivo!, ese hijo de su puta madre.

Juan dio un violento golpe con su arma en el

rostro un tiro de gracia en la cabeza de aquel informante y les gritó a los demás:

-Vámonos a la chingada de aquí, vamos en chinga al bar del Guerrero. Allá parlamos, ya no tarda la tira en venir.

Todos los Calavera huyeron del lugar y se encontraron minutos más tarde en el bar del Guerrero, el Jardín de la Amapola, a unas calles del tiroteo. Juan les comunicó a todos los presentes sobre la traición del Chivo:

-Banda, el pinche Chivo fue el que nos puso, unos de esos weyes me lo dijo y otros tantos dicen que incluso estuvo en el enfrentamiento escondido, yo sabía que ese cabrón no se iba a quedar contento, ahora el pedo es saber si no ha pactado con otras bandas tenemos que movernos.

El Chaneque intervino:

-Pues a los vecinos ya los convencimos, así que ese paro ya lo tenemos y con los Santeros depende de que nos bauticemos con ellos nos van a tirar paro, así que en estos días se me lanzan todos a bautizarse y a recibir su santo.

El Guerrero añadió:

-A mí se me hace que ese pinche Chivo con quien fue primero es con el Zambo, ese wey no da paso sin huarache, seguro la tira va a estar detrás de nosotros y este ataque únicamente fue un calón para ver si estamos organizados o en la pendeja.

Juan respondió:

-Simón, tienes razón Guerrero, por ahí va su onda, entonces hay que pactar en chinga con otras bandas pero sobre todo mover al barrio para ya sacar a la tira, si no nos van a madrugar. ¿Cómo ves Chaneque, la gente sí le va atorar contra los puercos, yo los vi convencidos, pero no se les irán a bajar los huevos ya con los plomazos?

-Seguro sí Juan, están hasta la madre del gobierno y de la tira, tú los escuchaste, y así como es de pendejo el Zambo va a armar un chingo de operativos para hostigar al barrio, lo que no saben es que ya no les tienen miedo y están dispuestos a reventarlos, pero obviamente nosotros debemos de ir al frente para darles más valor.

-Sí eso es lo que debemos hacer, pero pues ya, lánzate y explícales que esto ya valió madres la tira no debe tardar.

-Vale, voy en chinga con el Tiburón. Nos topamos en el eje.

-Nosotros vamos por el resto de los Calavera, es ahora o nunca, todo está puesto. ¡Tendidos cabrones!

Los calavera se dividieron y unos minutos después se encontraron en el eje donde ya había un gran cerco de granaderos y unos 200 elementos de la policía de la ciudad con órdenes de detener a cualquier sospechoso de la matanza así como atacar a los vecinos y comerciantes que se opusieran a las detenciones, las órdenes venían desde la comandancia, provenían del Zambo.

Juan y el guerrero logaron reunir a unos 180 Calavera que rápidamente se encontraron con el Chaneque y cerca de 300 vecinos armados con cuchillos, piedras, palos, cadenas y bombas caseras molotov. El enfrentamiento era inminente. El Guerrero y la primera línea de los Calavera que estaba a unos diez metros de la vanguardia policiaca les gritó:

-¿A qué vienen al barrio pendejos?, aquí ya no son bienvenidos, mejor lléguenle antes de que los corramos a madrazos, aquí ya no se van a venir a parar, desde hoy la tira no entrará más al barrio. Así que antes de que esto arda, mejor agarren sus chingaderas y muévanse.

El comandante que iba al frente de ellos con un megáfono respondió:

-Mira pinche pandillero lacra, ustedes no nos van a decir que hacer, tenemos órdenes de muy arriba para darles en la madre, incluso tenemos permiso para tirar a matar, así que mejor no se resistan y no metan a la gente en broncas porque también a ellos les vamos a dar cuello y meter al bote si se meten. Te lo advierto cabrón, nos los vamos a chingar si no se cuadran.

Juan Tostado replicó:

-Pinche puerco los que van a salir bailando son ustedes, aquí es nuestro barrio y la gente nos respalda, no existe corporación alguna, ni los Milicos pueden con un pueblo organizado, así que aquí ya se la pelaron, no nos obliguen a partirles la madre, porque ganas nos sobran.

El comandante les dio la orden a los policías de tomar posiciones. Muchos de ellos cortaron cartuchos y otros pusieron sus escudos de contención por delante mientras desenfundaban sus toletes y sus gases lacrimógenos. En cuestión de minutos dio su último aviso:

-Es la última advertencia, no se resistan y nadie saldrá lastimado, entréguense y esto se terminará rápido y sin heridos.

Juan Tostado contestó:

-Ya les dijimos que no puercos, ¡cámara calaveras vamos a partirles la madre a estos putos!

El Guerrero dio la orden a la gente y a los Calavera:

-¡Sobre su pinche madre, vamos a lincharlos para que aprendan a no meterse con nosotros!

La gente enardecida y todos los calavera se lanzaron contra los granaderos y la policía, estos respondieron con tiros a sangre fría asesinando instantáneamente a varios vecinos, lo cual provocó la ira del resto que comenzaron a atacar con sumo rencor a los sádicos oficiales. Los vecinos golpeaban con lo que tenían a los policías mientras los calavera tiraban balazos a los armados, era tal la violencia con la que el barrio embestía a los uniformados que estos rápidamente comenzaron a retroceder, desconcertados y acorralados pues los vecinos se dieron a la tarea de encapsularlo. Al correrse la voz de los caídos más personas salieron de sus casas, los comerciantes se unieron y rápidamente sumaban más de 500 personas que atacaban sin cesar ni piedad hacía los uniformados.

Los Calavera en el tiroteo fulminaron a varios policías, el terror y la desesperación se apoderaba de todos hasta que volvió a sonar el megáfono del comandante quien con tono desesperado gritó:

-¡Basta, oficiales repliéguense, y retirémonos a los camiones, cúbranse y dense prisa, aquí ya chingó a su madre!

Los policías sumamente golpeados, heridos que aún podían correr comenzaron a huir despavoridamente algunos en los camiones oficiales, otros corriendo mientras se despojaban de sus uniformes y armas y otros no tuvieron la misma suerte y fueron capturados por la horda iracunda que gritaba al unísono:

-¡Vamos a lincharlos, vamos a lincharlos!

La multitud había perdido el control, no entendía razones y el salvajismo se había apoderado de ellos. Amarraron de todo el cuerpo a por los menos ocho policías mientras en medio eje vial hacían una enorme hoguera con llantas, papeles, plásticos y litros y litros de gasolina. Los policías eran sádicamente golpeados con palos, tubos y a pedradas por las masas y cuando estaban semimuertos fueron lanzados uno por uno a la hoguera donde sus cuerpos fueron calcinados aún con vida, los desgarradores gritos de dolor parecían hacer eco por todo el barrio que ese día ardió como ningún otro día de su historia, el barrio ardió.

5.

LA ERA DEL TERROR

Tras esos incidentes que fueron noticia nacional, las semanas siguientes el barrio permaneció en un silencio sepulcral. No se veía rastro de los Calavera quienes se ocultaron en distintas casas y departamentos que poseían y la policía de investigación comenzaba a hacer operativos secretos para buscar a responsables del linchamiento. El Zambo estaba indignado y sumamente molesto. Culpaba al Chivo por lo sucedido, pues sostenía que no había sido prevenido de que los Calavera tenían el apoyo de la gente. La noticia rápidamente fue convertida en la historia más morbosa y amarillista de México a través de periódicos y noticieros y la colonia Morelos fue tachada como la más peligrosa del país. El propio Senador Malpica por órdenes de más arriba ordenó la creación de un grupo de élite compuesto por paramilitares y policías de inteligencia para cazar a los Calavera y pacificar a la Colonia Morelos. El barrio era hostigado, criminalizado y estaba bajo la lupa de las autoridades federales.

Los Calavera se mantuvieron ocultos, la gente salía a la calle con miedo a ser detenidos por ser sospechosos, todos lo eran. Decenas de detenidos, muchos hombres fueron llevados a prisiones secretas donde eran interrogados y torturados. Algunas mujeres detenidas fueron violadas, se respiraba terror y muchísima tensión en la Colonia Morelos. La gente estaba desesperada. Aquel mes de julio fue un infierno.

Juan Tostado organizó a los Calavera para ir a bautizarse con el Príncipe. Esa era su única esperanza:

-Guerrero tenemos que pedir paro con el Príncipe, esta situación no puede continuar. Nos tienen acorralados y los Santeros son los únicos que pueden parar la bronca.

-Pues sí vamos a armar una comitiva y en calor nos encomendamos a todos los santos yorubas, esperemos que ellos nos quieran respaldar.

Ese mismo día por la tarde unos setenta miembros de los Calavera estaban listos para recibir a los santos que los protegerían. Los primeros fueron el Guerrero, Juan y Matehuala.

A los tres los bautizó directamente el Príncipe. El Guerrero quedó bajo Shangó, el Matehuala fue designado protegido de Elegua y Juan Tostado quedó en manos de Obatalá. Él fue apadrinado por el mismísimo Príncipe, lo cual era un lujo, pues muy poca gente tenía el privilegio de ser ahijado del más importante de los santeros en México. Así, el tridente de los Calavera quedó protegido. Todos los demás miembros también recibieron a su santo y con ello el pacto entre el Príncipe, los Santeros y los Calavera quedó establecido.

Juan inmediatamente solicitó apoyo al Príncipe para poder pacificar al barrio y confrontar al Zambo y a los grupos de terror:

-Oye Padrino, muchas gracias por el honor de la protección pero te quería pedir a nombre de los Calavera un enorme favor.

-¿A ver Asere, dime qué podemos hacer por ustedes, qué necesitan?

-Pues yo sé que muchos miembros del poder judicial son santeros y contigo se cuadran, yo sé que si tú se los pides ellos van a parar los hostigamientos. Es por el bien de todo el barrio. La gente no puede seguir viviendo con miedo, a nosotros como sea no nos preocupa, somos pandilleros y sabemos que estos son los riesgos pero las personas que no se dedican a esto, no merecen vivir en este terror.

-Pues yo no les puedo exigir nada Asere, pero a mí también esta situación me enfada, la forma en cómo han tratado a la gente y como hay convertido al barrio en una zona del terror debe terminar, los santos deben interceder en nombre de la paz.

-Precisamente esa es la situación, Príncipe. El barrio está en decadencia, está en peligro, únicamente tu bondad y tus buenas intenciones van a salvar este lugar que también es tu casa. Ayúdanos Príncipe, eres la única esperanza.

-Ok Juanito, déjame pensar la forma en cómo llegarle a esos Cuicos; me voy a reunir con el Zambo, déjalo en mis manos Juan, veremos que hacemos, ellos deben ceder a la razón y voluntad de los Orishas.

-Muchas gracias Príncipe, estamos en deuda contigo. El barrio lo sabrá. Seremos los más incondicionales hacia ti y hacia la iglesia. Seremos los más devotos a los santos y este barrio será la gran Meca más aún de lo que hoy lo es. No habrá una sola alma en la Morelos que no esté en deuda contigo.

-Vamos a ver qué pasa Juanito. Todos esperamos que esto acabe bien en beneficio de todos.

Los Calavera se convirtieron en miembros sumamente devotos e incondicionales de la Santería y sobre todo del Babalao a quien convirtieron en una especie de patrono de los

Calavera, era el prócer para todos ellos y le dedicaban reverencias sumo respeto.

Un par de días después el príncipe citó al zambo en el templo santero para dialogar respecto a la situación del barrio:

-¿Cómo estás mi Zambo, qué dicen las cosas?, tienen hecho el barrio un hervidero de terror, las cosas seguirán así por lo visto ¿cierto?

-Mira mi Príncipe, pues ¿qué te puedo decir que tú no sepas?, pero es mi chamba, yo únicamente sigo órdenes a mi me mueven los hilos desde arriba, ¿qué quieres que haga?

- Pues usa tu sentido común moreno, tú sabes perfectamente lo que está causando todo este asunto de los operativos que has montado, tienes convertido al barrio en un infierno y sobre todo en una zona en la cual la gente ya tiene miedo de venir. A nosotros eso ya no nos está gustando, Zambo. aquí necesitamos paz, necesitamos hermandad, necesitamos que los santos estén en equilibrio y con tus chingaderas eso no es posible. Ponle solución o se la ponemos nosotros.

-No te aceleres, Príncipe. Tú sabes que yo no quiero pedos contigo, contigo menos que con nadie. El pedo es que parar este tren significa ir contra los de arriba, y seguramente me van a quebrar si no acato las órdenes. No me pongas en esa situación, Asere. Es mi chamba, yo también estoy perdiendo con todo esto, tengo muchos asuntos y billete moviéndose en el barrio.

-A ver mi Zambo, ¿quién te está poniendo en ese entredicho, el Malpica o de más arriba?, tú sabes que eso se soluciona sencillo, ¿paro la bronca contigo directo o la paro más arriba?, tú decides. No estoy para estarte rogando, sí tú no lo puedes solucionar, hazte a un lado, pero sabes que eso tendrá implicaciones con los santos.

-Tú sabes que primero están los santos, Príncipe, tú sabes cuál es mi respuesta, dime ¿qué hago?

-Haz lo que tengas que hacer, pero yo mañana ya no quiero al barrio viviendo en esta tensión.Quiero fuera a tus cuicos y quiero que se termine la guerra sucia contra los Calavera. Ya bastante pinche sangre se ha derramado con todos los enfrentamientos de las pandillas como para ahora lidiar también con la pinche policía.

-Ahh ya veo, es por ellos el asunto ¿cierto?, los Calavera te lo pidieron.

-No es por ellos, es porque la tira aquí no debe de estar y si la gente hizo lo que hizo fue en defensa de si mismos, los tiras dispararon y quebraron a la gente y entonces no nos podemos dar el lujo de tenerlos aquí. Por ende, te recomiendo que mejor saques a tus chavos, pues si no tendré que solucionarlo desde otro método. ¿Entonces tú dime mi Zambo, nos entendemos o nos enfrentamos?

-Ok, Príncipe, me queda claro y te reitero yo no quiero pedos contigo. Me voy a poner la soga con los de arriba pero me voy a cuadrar. Pero mi retirada no implica la del gobierno, esto ya va más allá de mi alcance.

-Bueno Zambo confío en tu palabra pero una cosa si te digo, si hay volteón de bandera tu sabes que no te chingas a una persona te chingas a los santos y los santos te la cobran al triple.

- Pues que así sea Príncipe, yo no fallo me aviento la bronca aunque te lo digo desde ahorita, va a valer madres esto.

El Zambo, a la mañana siguiente ordenó la salida de todos los elementos de la policía de la colonia Morelos. En los días posteriores el barrio volvió a respirar relativa paz, se terminó la hostilidad y la persecución. Los Calavera fueron reagrupándose, la gente fue volviendo a su vida cotidiana, las bandas fueron tomando las calles y los comerciantes reactivaron la economía. El Príncipe acabó con el terror.

El Zambo tras esa medida fue citado en las oficinas del Diputado Malpica para rendir cuentas de los sucesos, lo que el político consideraba alta traición. Aparentemente habría un inminente ajuste de cuentas. El Zambo se presentó y con una evidente resignación aceptó que tuvo que ceder ante la presión del Babalao.

-¿Qué pasó Zambo, por qué se terminaron los operativos en la Morelos? ¿Yo cuándo dí esa pinche orden cabrón?, después del pinche escándalo que armaron con los linchados, no nos podemos quitar de encima a la prensa y la presión del Presidente y el Secretario de Gobernación que quieren culpables, quieren solución y sobre todo quiere respuestas y eficiencia en las corporaciones. Este año hay elecciones presidenciales pendejo y no por esta pinche chusma van a manchar su ya de por si manchada gestión. Yo no les puedo salir con la pendejada de que no pudimos resolver. Mira cabrón si tú no eres capaz de mover ese barrio no me sirves para ni madres y desde ahorita te voy a mandar a la chingada pinche inútil, ahora resulta que la pendeja gente nos va a imponer condiciones.

-Yo te entiendo Malpica, pero me pones en una situación complicada. El Príncipe me pidió abortar la misión y tú bien sabes que no me puedo negar ante eso. No me voy a poner contra los santos, y sí eso me va a costar la chamba y tu confianza, será el precio a mi fe, y yo sé perfectamente las consecuencias con el sistema, pero también sé las consecuencias de fallarle a la religión.

-Bueno mi Zambo, no tenemos más que hablar. Estás fuera pendejo, sí tú no puedes con esto, si tú no tienes los huevos no me sirves. A partir de hoy esto lo manejaré yo o pondré alguien a quien no le tiemblen las patas. Ábrete a la chingada negro de mierda y di que no te mato por la amistad de años pero no te quiero volver a ver, presentas tu renuncia y te largas a chingar a tu madre.

El Diputado Malpica destituyó al Zambo Pedraza e inmediatamente mandó contactar con el Chivo para que los grupos paramilitares, que ya se habían conformado se pusieran en contacto con él y las órdenes presidenciales de "limpiar" la Colonia Morelos y castigar a los responsables de los linchamientos fueran cumplidas. En caso de que Malpica no resolviera a la brevedad y respondiera por esa orden, tendría severos problemas en su carrera política. Por otra parte los cárteles del narcotráfico con mayor presencia en el barrio comenzaban a presionar por la "ingobernabilidad" que reinaba en el lugar. Hecho por el cual sus ventas habían disminuido sustancialmente desde aquellos acontecimientos. La situación se hacía cada vez más compleja y la bola de nieve crecía y crecía sin vislumbrarse una solución clara para nadie.

6.
JUEGO DE VILLANOS

Tras el cese al acoso por parte de los agentes policiacos del Zambo, el barrio respiró unas semanas de tranquilidad a finales del mes de julio. Esta coyuntura fue aprovechada por los Calavera para reorganizarse y buscar finalmente los pactos con las demás pandillas que les dieran fortaleza y hegemonía, sin embargo también el Chivo y Quijano tenían su propio plan y no estaban dispuestos a perder todos los privilegios que años en la pandilla y de carrera delictiva les habían dejado. Así, este periodo de relativa paz en realidad se convirtió en una pausa a la guerra que serviría para reconfigurar y reagrupar fuerzas, el barrio seguía caliente.

Los Calavera se reunieron junto con los consejos vecinales declarando soberanía absoluta en el barrio al haber echado prácticamente a todas las corporaciones policiacas, así mismo quedó definida una estructura de poder horizontal con los Calavera. Durante la reunión Juan Tostado fue quien propuso que se distribuyera el poder, sin embargo lo que resultaría de esa propuesta ni él mismo lo imaginaba.

-Cómo ves Guerrero, yo creo que la gente después de tanto desmadre ahora sí estará incondicionalmente con nosotros, pero debemos ponernos las pilas para cumplir todo lo que se les prometió, debemos hacer de esto algo sostenido y permanente y aprovechar todos los acontecimientos que nos han ayudado a cerrar filas con la gente.

-Simón Juan, estamos en un momento bien chido para levantarnos. Tú y el Chaneque se rifaron con esa alianza en el barrio y más ese respaldo que conseguiste con los santeros, esa fue una jugada magistral cabrón pero hace falta concretar y forjar los parles con las otras bandas y eso debe ser en fa porque no sabemos qué ande tramando el Chivo y tampoco qué vayan a hacer los de arriba, no creo que les haya hecho mucha gracia que el Príncipe esté de este lado y que haya movido a toda la tira de aquí. Tenemos que estar truchas y de volada pactar esas treguas.

-¡A huevo, Guerrero!, yo creo que esa finanza me la puedo aventar con el Rulas que es quien está más clavado en los negocios de droga y es ahí por donde no los podemos ganar. Yo veo a los Molachos y a los Calabazos los más entrados y menos vinculados con la tira, los Malboros creo que están apadrinados por los juras, el wero que es quien los mueve es pariente además del Malpica.

-Tienes razón Juan, por ahí debemos movernos. Eso lo pueden comenzar a mover hoy mismo en la noche, pero por el momento vamos a ver cómo quedaremos en cuanto a las funciones en la banda, así que manda llamar a todos para parlarlo.

-Sobres Guerrero, voy por ellos.

Juan reunió a todos los Calavera. El único que no asistió y llevaba semanas sin estar con ellos fue Quijano. Una vez presentes, el Guerrero tomó la palabra:

-Carnales ya todos sabemos cómo están las cosas y es momento de dar el salto chingón para el control total del barrio. Pero para lograrlo necesitamos estar todos bien conectados y en la misma línea, sin mamadas y con los huevos bien puestos. He pensado que tal y como lo acordamos nuestro liderazgo debe ser horizontal, dividido y ganado por los méritos en la pandilla y he pensado que quienes más se han rifado últimamente son el Chaneque y el Juan, además este morro quedó como el ahijado directo del

Príncipe, así que a mi parecer ellos deben estar a la cabeza, ¿cómo ven? Sus méritos así lo exigen.

El Alucín opinó:

-Pues el pinche chaneque siempre ha sido bien leña, tiene muchos huevos y es bien respetado por la gente. Además está en los Calavera prácticamente desde la fundación, yo con él no tengo bronca, pero no mames Guerrero, ¿el Juan?, está bien chavo, igual y en unos años sí la va a rifar, pero ahorita está verde, se lo puede comer el poder, la ambición, el vicio, la banda misma, es mucho paquete para el morro.

El Guerrero respondió:

Pues para eso estamos los demás, Alucín. Para bajarlo de la nube si se quiere subir. Además el Juan no es pendejo le ha echado huevos a todo lo que ha hecho en la banda. No se te olvide que hasta se quebró a su jefe, le jaló con el Cráneo y se ha rifado en todos los tiros sin doblarse, además como ya se los dije tiene padrino de lujo y no le han temblado las patas.

-Chale Guerrero, yo creo que tú deberías estar entonces también a la cabeza. Ya entre tú y el chaneque lo pueden aterrizar.

El Chaneque intervino:

-Por mí está chido lo que decidan, si me toca rifarme un rato al frente me aviento y de lo del Juan, creo que se puede ir formando bien pero sí coincido con el Alucín, tú debes de estar también

Guerrero. Creo que eres el que más huevos tiene y además la piensas chulo, tienes todo para ser dirigente y enseñarle un chingo al Juanito.

Juan también habló:

-Yo creo que para mí es mucho paquete, yo preferiría aprenderles a estos dos cabronzotes primero y si más adelante la banda decide, yo también me rifo pero creo que sí me falta saberme mover mejor en el barrio. Que se queden el Guerrero y el Chaneque.

Matehuala también se hizo notar:

-¡Ni madres Juan!, yo apoyo al Guerrero. Tú puedes ser una de las cabezas y que mejor que te vayas curtiendo desde ahorita. Te has partido la madre chido y de no ser porque tú te chingaste al Cráneo está reestructuración de los Calavera no sería posible así que ese debe ser un mérito recompensado. Imagínate si desde ahorita te comienzas a formar, en unos años vas a ser la chingonería. Yo digo que de una vez te rifes.

-No mames Matehuala, es un tirote esa vaina, va a estar cabrón, No sé si pueda llevar las cosas bien, con la inteligencia y huevos que se requieren.

El Guerrero con voz firme e imperativa sentenció:

-¡No seas puto Juan!, hasta hoy has mostrado valor y cojones. Pues síguelos poniendo y vámonos tendidos, si somos tres al frente todo será más fácil, yo confío en tí cabrón, no le barras.

-Mmm, pues depende Guerrero, solamente si la mayoría de la banda lo acepta, me aviento con ustedes a ser dirigencia. Si la banda no lo cree conveniente mejor nel, no vamos a partir ni desmadrar lo logrado por una mamada así. Hay que hacer las cosas como quedamos, todos y en acuerdo.

El Rulas también dejó clara su postura:

-Pues échenle huevos y ya estamos, vamos a aplicarnos, no importa quien pueda estar en la cabeza, lo que importa es que en todos nos rifemos al parejo. Lo que creo que ahorita importa más es ya ponernos las pilas y definir cómo nos vamos a mover, roles y asuntos.

-Tienes razón Rulas pues yo tenía pensado lo siguiente a ver qué opinan.

-Échale Guerrero

-Pues ahí va. Primero debemos, como ya lo había comentado con Juan, pactar con los Molachos y los Calabazos y para ese asunto los chingones son sin duda el Rulas, Juan y se pueden llevar al Matehuala y al Camello, ustedes conocen a las cabezas de esas bandas al pitirijas y al Califas y creo que si les ofrecemos buenas condiciones para que hagan plata y sigan vendiendo su merca en el barrio los podemos tener de este lado.

-Simón creo que está chido pactar con ellos, pero

¿qué pedo con los Malboros?

-Yo creo que esos cabrones no van a jalar, su jefe, el Wero es un hijo de puta que tiene muchos jales vinculados con la tira y la política. El wey mueve la prostitución junto con el Quijano, quien por cierto ya hace un rato no se para con nosotros y además son la banda preferida del Malpica. Él salió de ahí. Los Malboros nunca se han identificado con la gente, son una banda muy culera, así que a ellos hay que borrarlos. Jamás podríamos tener tregua con ellos.

-¡Sobres!, no se hable más hoy mismo nos encargamos de pactar ¿o no Juan?

-En corto Rulas, yo arreglo con el Pitirijas y entonces tú busca a los cholos del Califas para parlar todos juntos.

-¡Va!, y ¿qué más hay que hacer Guerrero, qué otra cosa pensaste?

-Tenemos que conectar más armas, pues con la salida del Chivo ya casi andamos fritos con los plomos, así que necesitamos ver si con otras bandas podemos conseguir o de plano acercarnos a la mafia y para ello el mero chingón eres tú Alucín.

El Alucín le respondió:

-Pues déjame ver cómo está el pedo con los Alfas, aunque con la broncas que se levantó con la tira y como los ojos del gobierno están en el barrio, no creo que se quieran arriesgar a movernos armas, pero pues nada perdemos con negociar.

El Chaneque apuntó:

-Pues entre los comerciantes coreanos y chinos hay quienes mueven armas. Creo que ellos se las consiguen a los Calabazos, yo me muevo por ahí para ver, me jalo con el Tiburón.

El Guerrero finalizó:

-Órale ya están todos en lo que tenemos que hacer en estos días. Yo junto al Chacal voy a reorganizar a todos los carnales que se desmoralizaron en estos días para que se pongan truchas con lo que viene. Entonces vamos a darle y cualquier cosa en corto nos echamos un cable... ¡Suerte banda!

Esa misma noche Juan, Matehuala, el Camello y el Rulas arreglaron un encuentro con dos de las bandas más numerosas e importantes del barrio: los Calabazos dirigidos por el Califas se conforman por cholos, muchos de ellos deportados de los Estados Unidos y con evidentes rasgos culturales mexico-americanos, enfatizados desde su léxico y atuendo típico de los pachucos de los años 50. Su dirigente el Califas, un cholo nacido en Los Ángeles, criado en el Este, cuna de múltiples barrios latinos, desde muy joven formó parte de las Clicas y conoció el mundo del crimen. A sus 35 años perfectamente conocía lo que es estar preso en

California por diez años culpado por homicidio, robo y pandillerismo; lo cual lo convertía en un hombre respetado no sólo en Los Ángeles sino en una leyenda para los cholos de la Morelos y de la ciudad. Al llegar a México rápidamente formó a los Calabazos quienes tenían como máxima de sus principios, la defensa del barrio y de su cultura, por lo cual la postura de los Calavera de defenderlo y declararlo soberano les despertaba simpatía. A los Calabazos la policía les generaba repudio y la influencia de cárteles y políticos era una ofensa a su chovinismo.

Por su parte, los Molachos eran una típica banda de barrio con su aspecto de pandilleros estilo punk, la más antigua de la Colonia Morelos surgida desde los años 60 y que por décadas fue la número uno. Contemporáneos de los célebres Panchitos de Tacubaya, eran una legendaria hermandad que aún tenía miembros con más de setenta años de edad, pioneros del barrio, queridos y respetados por la gente. Su líder el Pitirijas era hijo de uno de los fundadores, el famoso Toro,.Este nuevo líder había tenido que encabezar la decadencia de los Molachos quienes frente a los Calavera habían pasado al segundo escalafón, sin embargo su presencia seguía siendo fuerte y tenían mucha comunicación con grupos de choque juveniles denominados porros que controlaban prácticamente todas las escuelas de la

zona y eran el principal bastión de renovación
con el que contaban.

Los porros quienes rivalizaban fuertemente con
los Calaverita eran aproximadamente doscientos
jóvenes de las mismas edades de los Calaverita,
quienes cometían robos menores en pandilla y
narcomenudeo en las escuelas. Su dirigente era el
Átomo, un chico de 22 años con una gran
agudeza política y negociadora quien tenía bajo su
control a la gran mayoría de los jóvenes de la
colonia y de la delegación política. Era
sumamente fiel a los Molachos y un gran aliado.
Antes de la aparición de Juan Tostado, el Átomo
era marcado como el principal líder juvenil y se
esperaba fuera el próximo gran dirigente del
barrio. Sin embargo todo había cambiado y las
hazañas de Tostado le habían hecho perder
importancia y fama.

Los representantes de las tres bandas se
encontraron en uno de los más afamados salones
del barrio, el Salón Infierno, que desde su
fundación en los 60 estaba bajo el control de los
Molachos. Era un lúgubre cabaret de bajo mundo
en el que se reunía el juego. La prostitución, el
tráfico de todo tipo de sustancias y artículos que
lo convertían en el corazón del crimen del primer
cuadro de la ciudad. Tan famoso era el lugar que
múltiples cineastas y artistas nacionales y
extranjeros habían convertido al Infierno en

escenario para sus obras.

Una vez presentes los representantes de las tres bandas en el Salón Infierno, el diálogo lo comenzaron los Calavera con la intervención del Rulas:

-Bueno compas, estamos aquí por una razón bien sencilla. Como ustedes bien saben las condiciones del barrio hoy han cambiado muchísimo; la tira está fuera, la gente está unida y en defensa de lo suyo, los santeros han tomado partida por la gente y nosotros los Calavera hemos estado respaldando estos movimientos. Nuestra intención es que también sus bandas jalen de este lado.

Juan prosiguió:

-Nosotros sabemos que tanto los Molachos como los calabazos también son bandas cercanas a la gente y que ustedes prefieren estar de este lado que con la tira o los cárteles. Por ahí sabemos que el Chivo se anda moviendo con el Diputado Malpica y seguro van a buscar rebotar al barrio a quererlo controlar imponiendo sus intereses y las leyes. Igual se dice que es orden del mero Presi, entonces debemos de andar más truchas que nunca.

El líder de los Molachos, el Pitirijas respondió:

-Ahh pues suena chido todo el borlote, pero pues ¿cómo sabemos que no nos quieren agarrar de cachivache?, tú morro ¿eres el hijo del Chango no?, te topo de una vez en el eje, él me habló de ti y sospechaba que los ibas a poner, pinche traidor.

-Simón Pitirijas, soy yo. Y sí recuerdo ese día en el eje cuando te pasó el billete de las rentas.

-¿Y es verdad que te lo chingaste pinche Edipo?

-Pues qué te digo que no se sepa ya en todo el barrio. Además esa pregunta pendeja no viene al caso.

-Ah y si te quebraste a tu propio jefe, ¿quién me garantiza que no eres una pinche rata y también a nosotros nos vas a voltear bandera culero? A mí no me laten los pinches traidores y menos los que no respetan ni a su sangre.

-A nadie pitirijas, pero si me lo chingué fue precisamente por traidor, tú mejor con nadie lo sabes. Los asuntos bajo el agua que tenía con ustedes en ese momento era una traición hacia los Calavera, y si me pude chingar a mi propio jefe eso demuestra mi compromiso y fidelidad a mi banda. Por cierto la causa de su muerte fue que tú y él traían negocios, así que creo que el responsable directo eres tú mi buen Pitirijas.

-¡jajaja!, está bueno morro, entonces soy el culpable de que el Changuito y el Cráneo estén bien fríos, pues no me la vayan a querer cobrar después. Y sí así la van a cantar, pues de una vez nos podemos arreglar a plomazos como cabrones.

-Para nada, aquí estamos para negociar como hombrecitos y en beneficio de todos y lo que queremos es trabajar en conjunto con ustedes por lo que venga contra la tira, los cárteles y otras bandas que se quieran levantar, lo mismo con los calabozos o tú ¿Cómo ves Califas?

El Califas contestó:

-Pues mi familia (pandilla) siempre va a estar a favor de cuidar el barrio, nosotros nos debemos a él y estamos para él. Siempre hemos estado en tregua con los Molachos porque ellos a su modo también lo han defendido recio. Con ustedes nunca ha habido parle, porque su ex líder el Cráneo era un ojete y weyes como el chivo y el Quijano no nos vibran. Son muy gandallas y tienen muchos jales con la tira, pero si ya ninguno de ellos está en esta mesa y tampoco en la tregua, eso me da confianza, pues yo creo que si podemos armar una unión pero algo que debemos acordar chido son los espacios, esos se deben respetar. Así como los bussiness que tiene cada banda en el barrio, ahí es donde debemos dar forma.

El Rulas tomó la palabra:

-Pues ya habíamos pensado en esta cuestión y la idea es conservar el territorio actual de cada banda y repartirnos lo que era de los Caguamos, además para estos momentos yo creo que el chivo ya parló con los Malboros, entonces esas calles no las podemos agenciar y ocupar. ¿cómo ven?

Contestó el Califas:

-Simón homs, yo creo que es buena idea eso, conservar lo que se tiene y ¿qué hay de la venta de droga, fayuca y merca robada, seguimos igual, cada quien en su rollo?

-¡A huevo! y con las rentas de los locales, nosotros teníamos pensado eliminarlas para los comerciantes que vivan en el barrio y dejarla igual pa´los que vienen de otros lados, esas rentas que hoy son de los Calavera en mayoría las podemos dividir entre nuestras bandas.

Rápidamente intervino el Pitirijas:

-¡Eso chingaó!, así se habla pinche Rulas, tú me convences más que el Juanito, se nota que ya eres un viejo lobo. ¡Mesero, una ronda de tequila para toda la mesa cabrón! Pues así ya nos vamos entendiendo mis Calavera, seguro vamos a ser buenos socios en el barrio. Oye Rulas y hablando de drogas, ¿cómo andas con los Alfa, van a seguir vendiendo pura mota, piedra y coca?, nosotros además de perico vamos a comenzar a meter anfetaminas y unas drogas sintéticas que los Xolalpa ya quieren mercar, entonces ¿igual vamos a respetar esa onda?

-Nosotros ahorita andamos en espera de lo que nos dicen los aAfas, se sacaron de onda con todo el asunto de los policías, igual con las chingaderas del chivo nos quedamos sin armas. Así que hasta que no se restablezca esa cuestión, pues el mercado es suyo, ya después veremos.

-Ya estás mi Rulas, trato de caballeros.

El Califas interrumpió el diálogo:

-Pues por armas no hay pedo, nosotros tenemos el resto de fuscas que nos mandan del gabacho, también los pinches chinos nos venden y pues les podemos mercar algunas a ustedes y ya después nos acomodamos con la droga, también queremos entrarle al negocio homs.

-Hecho Califas, entonces no se hable más brindemos por la nueva alianza del barrio, brindemos por los Calavera, los Molachos y los Calabazos como una sola pandilla.

-¡Salud!

Intempestivamente interrumpió en la mesa de los pandilleros una despampanante mujer de unos 30 años, 1,75 de estatura, anatomía atlética y bien formada, con una deslumbrante piel morena que asemejaba a la Diana Cazadora y un penetrante perfume que hacía que a su paso las miradas se concentraran en ella. Esa mujer era la Morena, una famosísima meretriz del barrio, quien gozaba de gran fama tanto como lideresa del gremio de sexoservidoras como haber dado servicios a políticos, altos mandos militares y policiacos, narcotraficantes afamados y en el barrio por haber sido amante del Cráneo. En medio del brindis su sutil y sensual voz se interpuso a las de los pandilleros:

-¡Buenas noches caballeros!, no se levanten así están bien, ¿me puedo sentar con ustedes?

Rápidamente Juan cedió su silla a la Morena y acercó una de la mesa contigua, preguntándole:

-¿Qué va a tomar Morena, un tequilita con nosotros?

-No muñeco, a mí que me traigan un martini.

-A ver mesero, atiéndeme a la dama

-Gracias nene; bueno chicos, siento interrumpirlos pero me fue imposible no escuchar su júbilo hasta mi mesa y sobre todo el motivo de ella. Me da mucho gusto todo lo que ha pasado en el barrio. A mí más que a nadie que conozco muy de cerca a los asquerosos políticos, policías y soldados, pero vengo a decirles que tengan mucho cuidado. Ustedes saben que yo llevo años tratando de proteger a todas las prostis del centro y del barrio para que puedan chambear libremente sin que ningún cabrón me las explote o extorsione y siempre he tenido como principal enemigo al pinche Chivo pero sobre todo al Quijano y a su vieja la Pronta que se han hecho del control de muchas zonas. Sobre todo de muchas chavitas que traen de los estados más pobres de México e incluso de Centroamérica a quienes prostituyen y explotan a la fuerza. Yo creo que eso no se vale.

Pues bueno, ayer en la noche unas de mis chicas escucharon al Quijano y al Chivo reunirse con el Wero, otro cabrón que no deja de extorsionar y agredir a las chicas, el líder de los Malboros. Pues ellos igual que hoy, ustedes hicieron una tregua en la que tienen la tirada de chingarlos al igual que a la gente, el asunto es que no son solo ellos. El Diputado Malpica destituyó al Zambo Pedraza y por orden presidencial se van a traer paramilitares que va a menear el Chivo. Esos cabrones son fuerzas especiales del ejército que combatían la guerrilla en Chiapas, están pesados. Yo les paso el pitazo porque las chavas y yo ya estamos hasta la madre de esos cabrones también. Somos barrio como ustedes, estamos bautizadas por los santeros y también queremos vivir y chambear en paz, así como ustedes la quieren llevar. Quiero que sepan que con nosotras también pueden contar.

Juan Tostado le contestó a la Morena:

-¡Muchas gracias morenaza!, con este pitazo que nos diste ya nos has echado suficiente la mano, ya sabemos contra qué y contra quién vamos, y pues en lo que vaya saliendo su ayuda va a ser bien importante.

El Califas replicó:

-Eso Morena, ya nos olíamos esa mamada de esos guarros, pero ahora ya está segura la chingadera. ¡vámonos recios!

El Pitirijas completó:

-Ya está esto, tenemos que organizarnos bien y desde mañana acomodarnos para la defensa del barrio, y ustedes, Morena serán nuestros ojos y oídos ante esos cabrones,.Ellos no deben de conocer nuestra alianza. Tú deja que piensen que las siguen moviendo así no las van a hostigar más y sobre todo la información podrá llegar directito a nosotros sin que esos ojetes sospechen.

La Morena les contestó

-Así es muchachos, la única ventaja que tenemos contra ellos es la unidad, tenemos que ser más inteligentes y valernos de que somos más y estamos en nuestro territorio, va a estar muy cabrón pero si ya una vez se les pegó a los polis, se podrá de nuevo.

Juan Tostado sostuvo:

-Sí Morena, pero ahora la cosa estará más complicada, no son tiras normales y una banda, son milicos y esos son bien perros.

-Pero también son bien pendejos nene, a esos weyes los van a distraer mis niñas y si se organiza bien a la gente no van a saber cómo actuar ante un pueblo que les trabe todo y nos les permita ni respirar. Son unos pinches brutos a mi me preocupan más los que conocen todo el movimiento y que los conocen bien a ustedes, o sea el Chivo y el Quijano, esos cerdos además de ambiciosos se saben mover a la gente y sembrarle temor.

-Efectivamente, pero nosotros también los conocemos a los cabrones.

Bueno señores, pues a estas horas el Guerrero y el Chacal ya deben tener bien montada a la banda Calavera y seguramente el Chaneque y el Tiburón ya también les dieron el pitazo a los comerciantes y a la gente para que esté al tiro y desde ahorita ya sepan contra quien será el asunto. Pues vamos a darle a esto porque a partir de mañana comienza la guerra.

7.

CALAVERA COME CALAVERA

Efectivamente como la morena les advirtió a los aliados la contra ofensiva del Quijano, el Chivo y el Wero era un hecho consumado. El Diputado Malpica por órdenes presidenciales envió un comando de fuerzas especiales de la Secretaria de la Defensa Nacional disfrazados de civiles con entrenamiento de paramilitar contrarrevolucionario que habían sido utilizados por el gobierno contra la guerrilla zapatista. Este grupo de élite estaría operando en el barrio como infiltrado buscando desarticular a las pandillas. Además de los hombres el gobierno mexicano suministró armas, equipo logístico y dinero a esta operación.

Los hombres del Wero, los Malboros serían la infantería que atacarían violentando al resto de las pandillas. Se encargarían de hostilizar para que los aliados se dieran a notar y fuera más sencillo reconocerlos para los paramilitares quienes dentro de sus elementos también incluían francotiradores con órdenes de disparar a matar y otros elementos podían arrestar ciudadanos con el argumento del delito de emancipación y amenaza la seguridad nacional; de tal forma que los vecinos de la colonia Morelos y las pandillas aliadas eran considerados enemigos del Estado y por supuesto delincuentes políticos.

Agosto fue un mes en el cual se recrudeció la violencia en la Morelos, la gente nuevamente se armó con lo que pudo y ambos bandos organizaron lo mejor que tenían para el enfrentamiento. Los Calavera usarían la táctica de resistir y contraatacar. Había distintas fracciones de pandilleros distribuidos en todas las calles principales del barrio: una encabezada por el Guerrero y el Chacal, otra por Juan y el Rulas, una más por el Pitirijas y el Átomo, estaba la del Califas y el Matehuala y finalmente la del Chaneque y el Tiburón. Ellos se atrincherarían junto con el resto de sus pandillas y teniendo como fundamental arma el apoyo de la gente. Los comerciantes y las chicas de la Morena quienes servirían como protección, informantes y principal fuerza.

Las primeras hostilidades comenzarían en la calle

Álamo, cuando unos treinta Malboros abrieron fuego contra los Molachos del Pitirijas, mientras se enfrentaban en plena calle a medio día muchos de los paramilitares observaban con atención el enfrentamiento y sobre todo la forma de accionar de los aliados. Miraron a los líderes, cómo entraban y salían los pandilleros de las vecindades y cómo algunos se ocultaban y sacaban armas de los comercios. Fue un enfrentamiento de reconocimiento, el cual resultó favorable a los Molachos que arrasaron con los Malboros y esta fue una victoria moral, sin embargo, los paramilitares tenían ya suficiente información logística para lo que estaba por venir.

La siguiente semana la batalla se libró en la calle de los cholos, el área defendida por los calabazos del Califas, la peligrosa calle Trinidad. Ahí los Malboro llevaron armas de uso exclusivo del ejército y se presume que entre los pandilleros había también varios paramilitares por la forma en cómo se movían al disparar y al replegarse. Fue un tiroteo que duró horas, los cholos atacaron con armas importadas del ejército gringo. En su arsenal también aparecieron granadas y algunas ametralladoras, parecía una guerra convencional desatada en un barrio. La gente del Califas era aguerrida y parecían no tener escrúpulos contra sus rivales así como no mostrar miedo al caer defendiendo al barrio., Fue sin duda una de las más sanguinarias batallas. En ese tiroteo una bala dio justo en el antebrazo del Califas quien al instante cayó al suelo y fue ocultado por un grupo de vecinos, días después perdería la extremidad. Aquel enfrentamiento dejó múltiples bajas de ambos bandos sin un vencedor claro, ambos grupos se habían reconocido plenamente y no se veía para donde la balanza se podía inclinar.

La tercera batalla fue sin duda vergonzosa, se libró unos días después a unos metros del mercado central en la calle Jacarandas, aquella defendida por la división del Chaneque. Los Malboros, bastante menguados en esa ocasión,decidieron atacar directamente a la gente. Fue un evento terrorífico, pues en el tiroteo cayeron ancianos, niños, mujeres. La población contraatacó a los Malboros y la gente del Chaneque se trató de defender, sin embargo una emboscada de paramilitares los tomó por sorpresa llevándose presos al propio Chaneque, al Tiburón y a por lo menos otros quince calavera. La gente se atrincheró y escondió como pudo dentro del mercado mientras los atacantes se retiraban con el botín político.

Los presos fueron llevados a campos militares donde se les exigía confesarse culpables de los linchamientos de los meses pasados y con la exigencia de entregar al resto de los líderes. Los presos fueron torturados de distintas formas: con electrochoques, golpes con palos de acero en costillas, genitales y extremidades y los más jóvenes incluso fueron violados por los militares. A pesar de estas torturas ni el Chaneque, ni el Tiburón ni nadie más se declaró culpable y muchos menos revelaron identidades ni escondites del resto de los pandilleros. Lamentablemente para los Calavera, jamás se volvió a saber de ellos.

El barrio se tensó como nunca. Las familias de los desaparecidos exigían su paradero y libertad. Organizaron marchas y plantones en las oficinas del diputado Malpica, en las fiscalías, sin embargo las versiones oficiales quedaron en enfrentamientos de pandillas y desaparición por parte de las mafias. Jamás el gobierno reconoció su participación y mucho menos la existencia de paramilitares en la Colonia Morelos. Con todo y eso los enfrentamientos no cesaron.

El siguiente choque ocurrió en el eje que era el más vulnerable de todos los frentes, estaba resguardado por Juan y el Rulas. Ahí los Malboros que para ese momento eran casi inexistentes, iban encabezados por su propio líder el Wero. La mayoría de los elementos eran ex policías amigos del Chivo y el resto paramilitares. Juan y el Rulas lograron organizar a los comerciantes para la defensa, muchos de ellos familiares de aquellos desaparecidos después de Jacarandas y por tal razón combatieron con suma fiereza haciendo recordar el día de los linchamientos. Los paramilitares no tuvieron un gran margen de acción, pues por todos lados había comerciantes armados y si ellos actuaban sería fácilmente identificados. Así que a mitad del tiroteo se retiraron dejando solos al resto sin avisarles. La superioridad de los Calavera era entonces abismal. Los Malboro prácticamente vencidos pidieron tregua, sin embargo Juan le gritó a su pandilla ante la inminente victoria:

-¡No los dejen ir, a la chingada, vamos a matarlos a todos para que les sirva de escarmiento a los demás y así vamos a vengar a nuestros carnales, vamos a chingarnos a todos, no dejen a uno vivo!

Y así fue, solamente uno de los Malboro y de aquellos ex policías quedo sumamente herido pero con vida, se trataba del Wero, quien fue llevado ante Juan Tostado quien con voz furiosa le dijo:

-Ahora sí, verdad hijo de la chingada, quieren paz cuando ustedes comenzaron la guerra. Pues déjame decirte una cosa Wero, ¡ya chingaron a su madre!, los vamos a matar a todos por culeros y también a esos Zardos que son unos perros y solo le sirven al gobierno, al poder. La gente les vale madres. Ya lo ves hasta a ustedes los abandonaron. Son unos bastardos igual que los policías.

-No mames morro, tú eres Juan Tostado verdad, el que se Chingó al Cráneo. Tu historia ya se conoce en todo el barrio, y ahora me tienes aquí, al Wero al mero chingón de los Malboros primo del Diputado Malpica, a tu disposición, puesto, ¿qué harás matarme para hacer más grande tu leyenda?

-No Wero mi leyenda ya está y seguirá creciendo, ¡a ti te voy a matar por culero!

Juan Tostado accionó su 38 en la humanidad del Wero dándole seis balazos en el rostro y torax dejando claro que su camino seguiría trazándose con sangre.

La noticia de la muerte del Wero llegó casi de inmediato a los oídos del Diputado Malpica. Su banda, los Malboro, y su primo habían sido liquidados por los Calavera y específicamente por Juan Tostado. Esto lo tomó el político como algo ya evidentemente personal. Las órdenes sufrieron una ligera modificación y ahora no únicamente se buscaría desarticular a las pandillas, la cabeza de Juan Tostado tenía precio, Malpica lo quería vivo o muerto y era prioritaria su captura. En un encuentro con el Chivo, la orden fue clara:

-A ver pinche Chivo, ¿seguimos con pendejadas?, no puede ser que ni tú, ni Quijano, ni el pendejo de mi primo sigan sin poder con estos weyes. ¿Qué necesitan cabrón?, tiene armas, gente, logística, ¿pues qué de plano son ustedes muy pendejos o ellos son muy chingones?

-No sé qué pasó Diputado, ya los teníamos puestos, pero se aferran.

-Deja de decir pendejadas Chivo, ahora hasta a mi primo ya lo quebraron, y a los Malboros ya los desmadraron. Qué sigue wey, ¿qué otra pendejada me tengo que tragar, tengo que ir yo a matarlos personalmente? Te voy a dar una última orden y espero esta sí la puedas cumplir pinche incompetente. Quiero que me traigas vivo o muerto a ese pendejo que mató al Wero y que me anda poniendo a la gente de puntas, al pinche morro que mató al Cráneo. Quiero que acabes con ese wey o yo voy a acabar contigo, ¿estamos?

-Sí Diputado, yo lo conozco bien, se llama Juan Tostado y es un pinche escuincle. Tiene mucha suerte el cabrón, pero también muchos huevos. Pero no se preocupe, yo mismo lo voy a quebrar, a mí también ya me tiene hasta la madre, de esta semana no pasa, ya verá que lo agarro y le damos cuello.

-Más te vale hijo de puta, porque no me quieres tener de enemigo. Y ahora muévete ,muéveme al pinche Quijano y dile a los paramilitares donde me busquen al resto de los Calavera y las otras pandillas. Esto urge cabrón antes de las elecciones.

-Sí Diputado, por Dios que así será.

Juan se reunió con el resto de los Calavera y las demás pandillas en el Tin Tan. Sabían que debían hacer un plan de contraataque anticipando las acciones. Los líderes acordaron ir directamente por el Chivo y el Quijano y así dejar sin estrategia ni conocimiento del barrio a los paramilitares. El Guerrero mencionó:

-Bueno, pues parece que esta será la batalla final banda. Será a matar o morir ya no hay de otra. Esos weyes se jugarán su última bala y tratarán de que sea lo más dañina posible. Ya nos desaparecieron a gente valiosa como el Chaneque y el Tiburón, pues ahora nosotros debemos de una vez dar la estocada definitiva y chingarlos. Los Malboro están liquidados. El Juan quebró al Wero, así que la llevamos de gane.

Juan prosiguió:

-Sí pandilla, ya tenemos ventaja, vamos por esos ojetes y no demos tiempo a que los paramilitares reaccionen. Vamos a torcer al Chivo que seguro se fue a meter a alguno de los escondites del Quijano. Las chavas de la Morena nos van a ayudar a cazarlos.

El Pitirijas preguntó:

-Y ¿Quiénes se van a lanzar, debe de ser poca banda para no armar borlote y que no se las huelan esos cabrones?

El guerrero dio respuesta:

-Yo me lanzo, ¿quién más va?

Juan levantó la mano y dijo:

-Sabes que yo estoy puesto, ¿se lanzan con nosotros Rulas, Chacal, Matehuala?

Los tres contestaron al unísono:

-Claro, vámonos tendidos.

Juan sentenció:

-Yo creo que nosotros sacamos la chamba, el Califas se debe de terminar de reponer de lo de su brazo y tú Pitirijas te necesitamos entero con tu banda para el tiro con los paramilitares, además esto es personal entre los Calavera; aquí Calavera comerá calavera.

-Está bueno Juan, yo me guardo con mi gente hasta que esos milicos saquen las narices, espero indicaciones para atacar.

El Guerrero aconsejó:

-Pues ya está cantado, hoy por la noche vamos al Zafiro. La Morena nos ha dicho que es ahí donde normalmente se reúnen estos cabrones. Ahí les vamos a caer cuando estén en la pendeja y en corto los chingamos. Pero esto debe de ser rapidísimo para evitar el tiroteo, ahorita no nos conviene, así que llegamos, baleamos a ese par de cabrones y nos movemos.

Juan propuso una estrategia:

-Y si mejor le encargamos a las chavas de la Morena que distraigan a esos weyes, así será más fácil caerles. Que las chavas armen una bronca y en medio del desmadre será más fácil pasar

desapercibidos y volarlos, ¿cómo ven?
El Rulas contestó:
-Pues yo estoy de acuerdo, así será más sencillo. Vamos por delante el Chacal y yo, le jalamos y ustedes nos cuidan las espaldas y si tuercen a alguno de nosotros, ni pedo, los demás se pelan. Ya no podemos perder más gente.
-Ok que así sea, y que nos cuiden los santos.
Esa noche los cinco Calavera tras haber orquestado un lío entre las prostitutas del cabaret Zafiro entrarían al lugar fuertemente armados con el objetivo de tronar a los otros Calavera disidentes. De esa acción y de su éxito dependería el equilibrio y por ende control de la Morelos.
Aproximadamente a las 00:45 una de las chicas del lugar simuló una agresión por parte de un cliente quien supuestamente no le quería pagar por sus servicios (dicho supuesto cliente era un miembro de los Molachos infiltrado). La seguridad del lugar se disponía a sacar al cliente del lugar cuando este comenzó a golpearlos y amenazarlos con una navaja. Tanto el Quijano como el chivo se encontraban en la zona VIP del lugar, y miraban desde la parte alta el altercado.
Simultáneamente y con los elementos de seguridad distraídos, los Calavera entraron al lugar pasando desapercibidos. Rápidamente una de las chicas les indicó al Rulas y al Chacal la ubicación de los objetivos. Contaban con

segundos para ejecutarlos mientras la distracción duraba. Mientras los dos Calavera subían las escaleras a toda prisa, Juan Tostado y Matehuala miraban el andar de sus compañeros con sus armas listas para ser accionadas en caso necesario. A unos metros el Guerrero miraba todo panorámicamente.

El Rulas estaba a unos 3 metros del Chivo y con el arma casi desenfundada cuando se escuchó un estruendo generado por el arma de un elemento de la guardia personal del Quijano, cuya bala entró por la cabeza del Rulas quien cayó muerto al instante. El chacal devolvió el disparo al guarura acabando con él, sin embargo todas las miradas del lugar voltearon al espacio VIP, encendiéndose incluso las luces. El Chivo sacó su arma, lo mismo que Quijano disparando contra el Chacal. Ambos, rápidamente y sin ser aún detectados Juan y Matehuala sacaron sus armas y con un certero tiro Juan Tostado atinó en la cien de Quijano, Matehuala no contó con el mismo tino e impactó el hombro del Chivo quien fue cubierto por su seguridad y rápidamente retirado del lugar. Mientras se abría fuego contra los tres Calavera que seguían con vida. El Guerrero logró cubrir la retaguardia y con muchos apuros Juan, Matehuala y él lograron escapar y volver al Tin Tan donde seguían reunidos los demás Calavera y la gente del Pitirijas.

Llegando al lugar fueron recibidos por el Alucín y el Pitirijas:

-Qué pasó cabrones, ¿cómo les fue, están heridos?

Juan contestó:

-¡No, estamos bien nosotros, pero se chingaron al Rulas y al Chacal. ¡No mames los mataron!

El Guerrero continuó:

-Se dieron cuenta los guarros y plomearon al Rulas. El Chivo se chingó al Chacal.

El Pitirijas les preguntó:

-¿Y a esos weyes no les dieron?, ¿ustedes no se chingaron a ninguno?

Juan contestó:

-Simón, yo me quebré al Quijano, le di el cabeza pero el puto del Chivo se nos escapó. Lo sacó su seguridad y ya no lo pudimos topar.

El Alucín apuntó:

-¡Qué poca madre!, nos mataron a dos y no les pudimos quebrar a los dos efectivos, la perdimos.

El Guerrero le respondió:

-Yo creo que a ellos les salió peor Alucín y no porque el Rulas y el Chacal valgan madres pero sin el Quijano, ellos ya no tienen tanta presencia,.Ya sólo les queda el Chivo y ese wey solo no la va a armar. Creo que la guerra es nuestra.

Juan intervino:

-Yo sé que eran nuestros carnales, esas muertes

seguro nos partirán la madre pero sabemos que la vida en el barrio es así cabrones. La calle es difícil, todos los días nos topamos de frente con la muerte, la violencia es nuestro pan de cada día, la sangre baña a nuestros carnales y a nosotros y es la única forma de medir el respeto. Para todos nosotros la vida es un regalo que se nos puede soltar en cualquier momento, así que nuestra única arma es estar juntos, espalda con espalda, ponernos chingones con seis sentidos y armarnos de muchos huevos porque el barrio, la calle y la banda nos han enseñado mucho de la vida. Nos ha forjado carácter, nos pondrá frente a una familia no sanguínea pero también nos va a partir la madre, nos pateará, nos pondrá el pie en la jeta y nos pondrá en nuestro lugar entre la mierda de esta pinche sociedad que así nos ve y así nos condiciona a vivir. Carnales, los Calavera tenemos para esto y para más, nos vamos a levantar,.Estas muertes no serán en vano y me dejo de llamar Juan Tostado si no le cobro a esos cabrones cada gota de sangre de mi banda y de nuestros aliados que se ha derramado por esta guerra. Vamos a vencer verán que sí.

El mes de septiembre de 1999 fue fundamental para el país. Se acercaban las elecciones presidenciales por lo cual, los reflectores de la prensa dejaron el tema de la Colonia Morelos por la paz. Todo se comenzaría a concentrar en la sucesión presidencial que por cierto perdería el Partido de la Revolución Nacional. Malpica dejaría su cargo como diputado esperando tomar alguno en la administración local, sin embargo, aún mantenía muchos intereses y negocios en la zona centro, incluida la Colonia Morelos. Con esto los paramilitares salían del barrio con el fracaso a sus espaldas pero con fuertes vínculos con el aún vivo pero desaparecido Chivo, de quien no se supo más nada después del tiroteo del Zafiro.

Los Calavera se reestructuraron y Juan Tostado quedaría al frente junto al Guerrero. El lugar del Rulas sería tomado por Matehuala como dealer, el Camello se encargaría de dirigir a los comerciantes y los Calavera comenzaron a tener nuevos elementos del barrio que antiguamente formaban parte de las otras pandillas y hacían filas para ser alineados. Los Molachos siguieron bajo las órdenes del Pitirijas y junto con los Calabazos protegían el barrio en alianza con los Calavera repartiéndose, tal como lo habían acordado, los negocios y territorios de las otras pandillas extintas. Durante unos meses los cárteles dejaron de presionar a las pandillas y su interés por el barrio disminuyó, pues como casi todos, esperaban la reestructuración con el nuevo partido en el poder, el Partido Alianza Neoconservadora.

Juan Tostado, a la par de sus actividades con los Calavera comenzó a entrenar diferentes artes marciales con Matehuala. El Camello le enseñó nociones de administración y ciencias experimentales, particularmente Química. El Querrero lo instruyó en manejo de todo tipo de armas y fue llevado a conocer grupos guerrilleros en Chiapas, Oaxaca y Guerrero. Tomó el control de varios negocios del Cráneo que administraba junto a su madre y hermanos. Compró una casa en una zona más tranquila donde los envió a vivir exigiendo a sus seis hermanos buenas notas escolares y combinar sus actividades académicas con el trabajo. Juan quería evitar que estuvieran cerca del barrio y sobre todo que los identificaran como sus familiares. Así pasó los últimos meses de aquel turbulento 1999.

DIEGO CASTILLO

GLOSARIO DE
TÉRMINOS Y EXPRESIONES

Buscas las camisas con tu dicho o frase favorita en
https://www.shop.lashistoriasdelaciudad.com/

A huevo: Respuesta afirmativa
A toda madre: Muy bien
Al tiro: Atento
Atoro: Participo
Bazukazo: Cigarrillo de cocaína
Billetudos: Adinerados
Borrego: Traidor
Buenas: De buen físico
Cabrón: Sustantivo
Cabrones: Importantes/Amigos
Cagada: Porquería
Cagar: Cometer error
Caguama: Cerveza grande
¿Cámara?: ¿De acuerdo?
Cana: Cárcel
Cantón: Casa
Caquear: Robo
Carnales: Hermanos
Comiendo el mandado: Traicionando
Congales: Prostíbulos
Cruda: Resaca
Cuadrar: Respetar
Cuatrote: Trampa
Culero: Problemático
Chafa: De mala calidad
Chamaco: Niño
Chamba: Trabajo

Buscas las camisas con tu dicho o frase favorita en
https://www.shop.lashistoriasdelaciudad.com/

Chambear: Trabajar
Chance: Oportunidad
Chavo: Hijo
Chido: Agradable
Chinga: Dificultad
Chingón: Muy agradable
Chingamos: Trabajamos/Logramos/Molestamos
Chingao: Expresión de descontento
Chingar: Afectar
Chingarle: Trabajar
Chingo: Mucho
Desmadrar: Golpear
Desmadre: Desorden
Escuincle: Niño
Feria: Dinero
Forje: Tamaño
Fregada: Inservible
Gacho: Desagradable
Guaguara: Hablador
Húbole: Hubo
Huevos: Valor
Jalamos: Vamos
Jalar: Juntar
Jale: Negocio /Trabajo
Jefa: Madre
Jefe: Padre
Jodido: Pobre
Lamer huevos: Lambisconería
Lana: Dinero
Leña: Leal

Buscas las camisas con tu dicho o frase favorita en
https://www.shop.lashistoriasdelaciudad.com/

Llevar la chingada: Ir mal
Machín: Mucho
Madrazos: Golpes
Mamadas: Tonterías
Menear: Dirigir
Micha: Mitad
Mierda: Malo
Mi´jo: Mi hijo
Morro: Niño
Neta: Verdad
Ni madres: Nada
Onda: Situación
Órale: Está bien
Paro:Ayuda
Partir madres: Vencer
Pedo: Problema
Pendejadas: Tonterías
Pendejo: Tonto
Picando los ojos: Traicionando
Pinche: Adjetivo que sobaja
Ponerme: Delatarme
Puñales: Cobardes
Putada: Prostitución
Putazos: Golpes
Putiza: Difícil
Rifar: Hacer bien un trabajo
Rol: Viaje
Talonear: Robo sin violencia
Torcidos: En problemas
Tranza: Respecto a

Buscas las camisas con tu dicho o frase favorita en
https://www.shop.lashistoriasdelaciudad.com/

Buscas las camisas con tu dicho o frase favorita en
https://www.shop.lashistoriasdelaciudad.com/

Trucha: Atento
Tumbamos: Derrotamos
Un cuatro: Trampa
Valer madres: Fracasar
Varo: Dinero
Volar: Matar
Voltear bandera: Traicionar
Wey: Sustantivo

Buscas las camisas con tu dicho o frase favorita en
https://www.shop.lashistoriasdelaciudad.com/

LAS HISTORIAS DE LA CIUDAD

El mundo no es blanco y negro como las páginas de este libro.
Es de color gris. El bien y el mal aparecen muy borrosos
cuando la espalda está contra la pared. Como reaccionas ante la
adversidad, determina gran parte de tu destino.
Si, controlas tu destino, ¿qué vas a elegir?
El poder real viene con opciones y es por eso que el
conocimiento es poder. El mundo es grande, pero si no sabes
qué opciones existen más allá que las de tu área inmediata, no
tienes muchas opciones. Todo y todos están conectados de
alguna manera. Nuestra misión es conectar y comunicar para
crear un mañana mejor para todos y
cada vida que tocamos.

**Nos gustaría aprovechar esta ocasión para invitarle a
visitarnos en http://www.lashistoriasdelaciudad.com/**

**Manténgate en contacto con LHDLC y
Únete a nuestra lista de email en
http://www.lashistoriasdelaciudad.com/contact-us/**

The House of Randolph Publishing, LLC
1603 Capitol Ave.
Suite 310 A394
Cheyenne, Wyoming 82001

Email: info@lashistoriasdelaciudad.com

Voice #: 307-222-2788
Fax #: 307-222-6876

SOBRE EL AUTOR

Diego Castillo es escritor promesa oriundo del Estado de México. Se crió en un humilde barrio a las afueras de Tlalnepantla dónde vivió una infancia difícil junto a su mamá y sus cuatro hermanos. Cuenta que uno de sus mayores logros fue haber entrado al CCH a estudiar, ya que aseguró un lugar en la prestigiosa Universidad Nacional Autónoma de México. Tras haber terminado sus materias en la carrera de Letras Hispánicas en la UNAM, se propuso escribir su tesis sobre el narcotráfico y el crimen organizado en México. De esta investigación salió el material que Diego Castillo plasma en estas páginas. Su pasión por el tema y las interesantes anécdotas que recolectó en sus frecuentes viajes por el país dieron como resultado esta intrigante historia.

Más información disponible sobre Diego en
http://www.lashistoriasdelaciudad.com/escritores

www.ingramcontent.com/pod-product-compliance
Lightning Source LLC
Chambersburg PA
CBHW030253030426
42336CB00009B/366